巴中收藏文献图录提要

政协巴中市委员会 编

中国文史出版社

图书在版编目（ＣＩＰ）数据

巴中收藏文献图录提要 / 政协巴中市委员会编 .
北京：中国文史出版社 , 2024. 10. -- ISBN 978-7
-5205-4824-3

Ⅰ . Z812.271.4-64

中国国家版本馆 CIP 数据核字第 2024XS9296 号

责任编辑：梁玉梅

出版发行：中国文史出版社

社　　址：北京市海淀区西八里庄路 69 号院　邮编：100142

电　　话：010-81136606 81136602 81136603（发行部）

传　　真：010-81136655

印　　装：北京地大彩印有限公司

经　　销：全国新华书店

开　　本：787mm×1092mm 1/16

印　　张：39.5

字　　数：343 千字

版　　次：2024 年 10 月北京第 1 版

印　　次：2024 年 10 月第 1 次印刷

定　　价：236.00 元

《巴中收藏文献图录提要》编委会

前 言

习近平总书记指出，让收藏在博物馆里的文物、陈列在广阔大地上的遗产、书写在古籍里的文字都活起来。为了深入贯彻落实习近平文化思想、全面掌握巴中文献资源、切实加强文献资源保护利用、更好地传承弘扬中华优秀传统文化，五届巴中市政协组织征编了《巴中收藏文献图录提要》文史专辑。

征编《巴中收藏文献图录提要》是一项艰巨而繁重的工作，在市政协党组和主席会议的领导下，在各县（区）政协、各县（区）图书馆、档案馆以及有关方面的配合支持下，通过具体从事征编工作同志的艰辛努力，历时一年半时间，终于完成了征编工作任务，殊为不易。全书共收录巴中各类文献 703 种。其中，清朝及以前刊刻印刷的古籍 243 种，民国时期刊刻出版的文献 460 种。通过阅读《巴中收藏文献图录提要》可以全面了解巴中文献资源概貌，也为进一步学习、研究、利用巴中文献资源提供查找方便。

由于征集工作难度大，加之编者水平有限，该书还存在一些散落在民间的文献资源征集不全、编写分类不够科学、个别提要撰写不够贴切等问题，希望读者批评指正。

编者

2024 年 4 月

凡 例

1. 本书坚持以马克思列宁主义、毛泽东思想、邓小平理论、"三个代表"重要思想、科学发展观、习近平新时代中国特色社会主义思想为指导，全面系统介绍巴中收藏文献资源及概貌，更好地传承弘扬中华优秀传统文化，为建设文化强市贡献力量。

2. 本书收录的巴中文献是指在巴中市域范围内收藏的，在中华人民共和国成立前出版、刊刻、印刷的各类书籍以及重要文献（未收录 500 多种残本）。

3. 本书采取图文并茂的方式书写，书籍介绍力求简明扼要，通俗晓畅，一目了然。

4. 本书收录清朝及以前刊刻印刷的古籍，编排按经（不是完全意义的经典，也包括对经典的注释、注疏，或以经典为主要内容撰写的书籍等）、史、子、集分类书写；民国时期刊刻出版的书籍按政治经济、史志族谱、传统经典、人物传记、教育体育、科技医药、宗教哲学、社科管理、军事法律、文学艺术、诗文专集、翻译书籍分类编写（每节中基本按刊刻出版时间先后排列）。

5. 巴中籍作者的书籍在文字介绍前，加"＊"号便于读者区别。

6. 本书纪年清朝及以前采用朝代帝王年号纪年，加注公元纪年；民国时期采用民国纪年，加注公元纪年；1949 年新中国成立以后，采用公元纪年。

目录

■ 第二章　民国时期

第一节　政治经济 / 219

第一章　清朝及以前

第一节　经部

《诗经体注》

清代钱塘高朝璎著，清康熙辛卯年（1711）刻本。《诗经》是我国最早的一部诗歌总集，中国古代诗歌开端，收集了西周初叶至春秋中叶（前11世纪—前6世纪）的诗歌，共三百一十一篇。作者高朝璎运用与文字"一经一纬，相错而成文"的图像，绘画名物，描摹诗意，图说诗境，创作了众多《诗经》图像，借以表达对《诗经》

《诗经体注》

的理解与认识，具有丰富的政治、文学、艺术蕴涵。该书现收藏于南江县档案馆。

《钦定诗经传说汇纂》

　　清代上海金山王鸿绪撰，清光绪戊子年（1888）江南书局刻本。该书对《诗经》逐篇逐章训解。经文用大字。训解首引朱熹《诗集传》对该章的解释，字形用中字，以示尊崇，前冠以"集传"二字。再博采汉代以来其他诸儒对此章的解释，用小字双行注出，前冠以"集说"二字。然后引历代学者与"集传""集说"不同的见解，凡言之有据、说之有理者也用小字双行注出，前冠以"附录"二字。每诗

之后引诸人对该诗总的论述，用小字变行注出，前冠"总论"二字。编撰者自己对某章、某诗的解释或论述冠以"案"字，放在注文的最后。该书收藏于巴州区图书馆。

《诗经旁训》

作者不详，清咸丰二年（1852）竹桥斋刻本。经文旁附注释义或音读，谓之"旁训"。作者将训诂列在《诗经》经文之旁；对疑难字则用直音、反切法注音。对《诗经》经义，也偶尔采录各家之说，略加诠释。大体上训解经义、音释都以《毛诗诂训传》为主，参考各家之说。辞旨简核，便于初学者诵习。该书现收藏于南江县图书馆。

《广雅》

三国魏明帝太和年间河北张揖撰。清刻本。《广雅》，一称《博雅》，系隋朝避炀帝杨广讳而改，后复原名。撰写目的，在于广扩《尔雅》的内容，故其体例和篇目与《尔雅》相同，训释方法亦同，即先尽列同义诸字，末以今义释之，《广雅》所收，皆为《尔雅》所缺。取材比《尔雅》丰富，可视为《尔雅》的续篇，共十九篇，所识名物训诂计二千三百四十三条。博采汉儒笺注、各种字书，补充了不少新词新义。该书现收藏于巴州区图书馆。

《钦定书经传说汇纂》

清代上海金山王顼龄撰，清刻本。《书经》即《尚书》，是中国商周时期的档案汇编。本书首列经文，以下逐节注释，援今据古，博采众说。注文中首列朱熹的弟子蔡沈《书集传》中对该节的解释，冠以"集传"二字；次引众家之说，冠以"集说"二字；某些学者

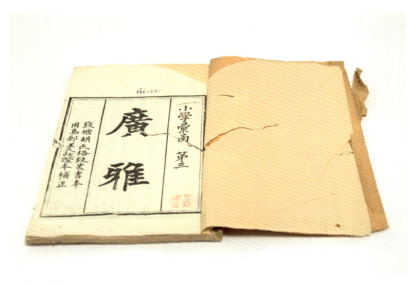

■《广雅》

的歧异见解，冠以"附录"二字；编撰者自己的见解，冠以"案"字；每篇之后引诸家对该篇的理解，冠以"总论"二字。为显出次第，经文用大字，顶格；"集传"用中字，低一格；"集说"以下各项皆用小字，亦低一格。注文中各项冠词皆印成黑底白字以醒目。卷首上《引用姓氏》共录从秦孔鲋至明章士俊凡二百七十六人姓氏。《书传图》采用了源于写本书时代的传统，形象地提供了《尚书》中涉及的谱系、地理、天文、历法、音律、典章等资料。其中的"大辂"图绘驷驾战车做奔驰状，戎装武士持矛立于车上，线刻劲整细腻，线条流畅，颇有气势。卷首下《纲领》三篇，介绍了《尚书》的流传情况、各家的争论、《尚书》的主要内容，并评论诸家注释的得失等。该书现收藏于巴州区图书馆。

■《钦定书经传说汇纂》

《礼记备旨》

《尚书离句解》

仁和钱苍益著，清代兴也楼刻本。本书对《尚书》中的句子、典故结合当时的时代背景，精心做了注解。《尚书》为清代学生必读之科目。此书为求学者提供了极大便利，是研究清代教育的重要资料。该书现收藏于通江县向勇家。

《礼记备旨》

福建龙岩邹圣脉撰，清同治壬戌（1862）刻本。《礼记》是科举考试必考书目，作者邹圣脉高屋建瓴，对之进行注解，每个章节，章有章旨，节有节旨，全书再贯以总旨，《礼记》的释疑解难，尽在

《钦定周官义疏》

备旨之中，解析一语中的，是当时科举考试的重要参考书。该书现收藏于南江县档案馆。

《钦定周官义疏》

清鄂尔泰等撰。清同治十年（1871）崇文书局刻本。该书对汉至清之《周礼》进行广泛挖掘研究，并作了概括性总结，内容精赅翔实。书首冠以《御制日知答》，对钦定此书予以说明。《御制日知答》中说：论《周官》者十则，以昭千古之权衡。其采掇群言，则分为七例：（一）正义，直诂经义，确无疑的；（二）辨正，后儒驳正，准确无疑的；（三）通论，或以本节本句参证他篇，比类以测义，或引他经与此互相发明的；（四）余论，虽非正确而依附经义，与事物之理有所推阐的；（五）存疑，各持一说，义亦可通，或已被驳正，而持此论者多，未敢偏废；（六）存异，名物象数，久远无传，难得其真，或创立一说，虽未被接受，而不得不存之以资考辨的；（七）总论，本节之义已经训解，又合数节而论之，合一职而论之。并认为《周官》六典，其源确出周公，而流传既久，不免有所混乱，不必以为疑，亦不必以为讳。该书现收藏于巴州区图书馆。

《钦定仪礼》

清鄂尔泰等奉旨撰。清刻本。四十八卷。此书诠释七例："正

《钦定仪礼》

义""辨正""通论""余论""存疑""存异""总论",与《钦定周官义疏》
同。分经文四十卷,冠以《纲领》《释宫》各一卷,不入卷数,殿以
《礼器图》四卷,《礼节图》四卷,总四十八卷。《仪礼义疏》大致以敖
继公《仪礼集说》为宗,参核诸家以补正其错乱疏漏。至于今文、古
文之异同,均用郑注。该书现收藏于巴州区图书馆。

《钦定仪礼义疏》

　　清代允禄纂,清光绪戊子年(1888)湖南宝庆漱芳阁刻本。该
书共四十八卷。诠释七例:"正义""辨正""通论""余论""存疑""存
异""总论",与《钦定周官义疏》同。分经文四十卷,冠以《纲领》

《释宫》各一卷不入卷数,《礼器图》四卷,《礼节图》四卷。分章节则多以朱熹《仪礼经传通解》为主,并与杨复《仪礼图》《仪礼旁通图》、敖继公《仪礼集说》相互参校;《经》《记》文之顺序,以古文为主,不用割附之说;《释宫》用朱熹点定、李如圭的《仪礼释宫》;《礼器》用聂崇义《三礼图》;《礼节》用杨复《仪礼图》,并一一刊其错误,拾其疏漏。《钦定仪礼义疏》工程浩大,任务艰巨。本书总结了清以前几百年间学者研究《仪礼》之成就,功劳巨大。该书现收藏于巴州区图书馆。

《钦定礼记义疏》(八十二卷)

清代江苏太仓王掞等纂,清光绪二十九年(1903)上海慎记书庄石印。该书是清前期《礼记》研究的集大成者,共八十二卷,约一百五十五万字。该书共征引历代礼说二百六十五家,依"正义""通论""余论""总论""存疑""存异""辨正"七大义例进行分类编排,有《礼器图》二百五十五幅。该书现收藏于巴州区图书馆。

《钦定礼记义疏》(八十二卷)

《周官精义》（十二卷）

　　清代河南许昌连斗山编，清道光二十九年（1849）刻本。本书第一卷为总目凡例，其中录《圣制日知荟说》十则、《钦定周官总辨》八条；第二、三卷为《天官冢宰》上、下；第四、五卷为《地官司徒》上、下；第六、七卷为《春官宗伯》上、下；第八、九卷为《夏官司马》上、下；第十、十一卷为《秋官司寇》上、下；第十二卷为《考工记》。此书名物多用郑（玄）、贾（公彦），义理则多采宋儒程颐、张轼、陈祥道、叶时、易祓、王与之诸人之说。该书现收藏于巴州区图书馆。

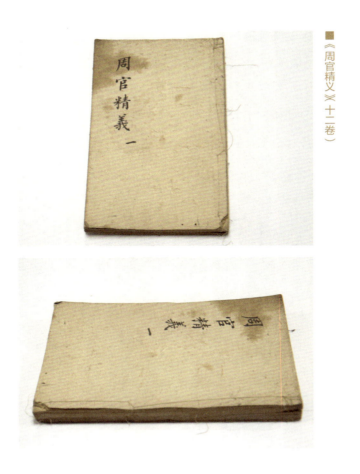

《周官精义》（十二卷）

《周易折中》

　　清代福建泉州李光地撰，清光绪二十九年（1903）上海慎记书庄石印本。此书兼讲象数与义理，集汉易、宋易之大成，是研究清代易学最重要的典籍。《周易折中》遍采诸家大儒之说，考订古今，洋洋凡百万言。虽阐幽发微，却通俗易懂，不可多得。今人读《易》，多因少古文功底，望文生义，难解义趣。诚为学《易》者必读、研《易》者案头必备之典籍。详研之，易道之精微尽在其中。该书现收藏于巴州区图书馆。

《周易》

作者不详，清刻本。《周易》的核心概念是"阴阳"和"五行"。阴阳是一种对立而又相互依存的概念，象征着宇宙中万物之间的相互关系。五行则是一种分类法，把宇宙万物分为金、木、水、火、土五个类别，也象征着宇宙中万物之间的相互关系。该书现收藏于通江县向勇家。

《钦定春秋传说汇纂》

清代江苏王掞等纂修，清刻本。该书是清康熙三十八年（1699），礼部尚书王掞、礼部右侍郎张延玉等奉敕汇纂历代先儒注疏《春秋》的著作。共四十卷。其所谓"集说"，则是引汉唐至明诸儒之说，计

《周易》

《钦定春秋传说汇纂》

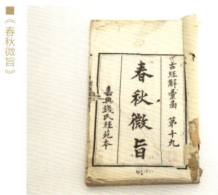

《春秋微旨》

所引一百三十五家。而其引录之原则，亦针对胡安国《春秋传》，即凡为胡传所弃者多录之，凡攻驳胡传者多录之。该书现收藏于巴州区图书馆。

《春秋微旨》

唐代江苏吴县陆淳撰。清刻本。该书主旨在于论证《左传》《公羊传》《穀梁传》（以下简称"三传"）三者是非和辨析经传歧异。作者以比照论证的方法，逐条列举"三传"在叙事上的雷同与不同，引用其师啖助并友赵匡的观点，辩证是非，阐发己见。为方便读者，原著用朱墨两色分别标出"三传"旧义的当与不当，本书为浙江嘉

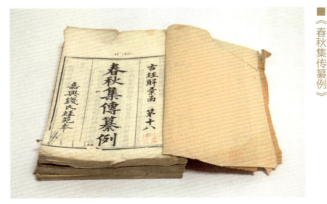

兴钱氏经苑本，现收藏于巴州区图书馆。

《春秋集传纂例》

唐代江苏吴县陆淳撰。清刻本。此书为陆氏阐发其师啖助、其友赵匡关于《春秋》经说之作。啖氏曾撰《春秋统例》五卷，经陆氏及其子陆异整理，复经赵匡修订，定为四十篇，勒为十卷。其第一至第八篇为全书总义，第九篇为鲁十二公并世绪，第三十六篇以下为经传文字脱谬及人名、国名、地名，全书主要内容包含于第十至第三十五篇以内。本书为浙江嘉兴钱氏经苑本。现收藏于巴州区图书馆。

《春秋集传辩疑》

唐代江苏吴县陆淳撰。清刻本。全书十卷。本书主要记述唐代经学家、儒家学者啖助、赵匡两家攻驳"三传"之言。柳宗元作淳《墓志》，称《辨疑》七篇。《唐书·艺文志》同。吴莱作《序》，亦称七卷。此本十卷，亦不知何人所分。刊本吴莱《序》之末附载延祐五年十一月集贤学士曲出言，"唐陆淳所著《春秋纂例》《辨疑》《微旨》三书，有益后学。请令江西行省锓梓"云云，其分于是时欤? 淳所述《纂例》一书，盖啖助排比科条，自发笔削之旨。其攻击"三传"，总举大意而已。此书乃举《传》文之不入《纂例》者，缕列其失，一字一句而诘之，故曰《辨疑》。所述赵说为多，啖说次

《春秋集传辩疑》

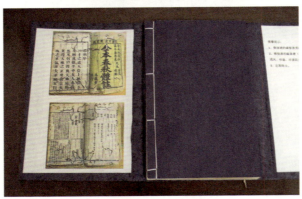

之。该书现收藏于巴州区图书馆。

《全本春秋体注》

清代安徽铜陵周炽撰，清乾隆甲寅年（1794）志德堂刻本。该书撰成于康熙五十年（1711），分四卷。卷一为隐公至庄公，卷二为闵公至文公，卷三为宣公至襄公，卷四为昭公至哀公。另有凡例二则，列在卷首。该书以胡安国《春秋传》为原本，进行推演。分为上下二格，如高头讲章。上格为作者的《体注合参》。他将《春秋》经文中可以作科举考试题目的，截取其中一二字为题，并作出破题概括大义。然后采用胡安国《春秋传》及各家解说进行诠释。

《春秋左传》

第一章 清朝及以前

对立题命意推究尤详，并往往讲求作文的方法，以备士子应付科场
考试时作八股文之用。下格为《春秋经传参订读本》，前列经文，
后附胡传，间或参考诸家传注，以发挥经义。该书现收藏于巴州区
图书馆。

《春秋左传》

    江苏苏州韩慕庐校正，清光绪甲辰三十年（1904）同文阁藏本。
《春秋左传》即《左传》，记述范围从公元前 722 年（鲁隐公元年）
至公元前 454 年（鲁悼公十四年）。《左传》相传是春秋末年鲁国的
左丘明为《春秋》做注解的一部史书，与《公羊传》《穀梁传》合称

为"春秋三传"。它是中国第一部叙事详细的编年体史书，同时也是杰出的历史散文巨著。该书现收藏于巴州区图书馆。

《左传纪事本末》

清代浙江绍兴高士奇撰。清刻本。该书以章冲所做《春秋左传事类始末》为基础，加以补充扩展而成。他以春秋时期各国诸侯为中心，在每个国家之内，把重大事件标目成篇，一篇也就是一卷。计有周四卷、鲁十一卷、齐七卷、晋十一卷、宋三卷、卫四卷、郑四卷、楚四卷、吴三卷、秦一卷和列国一卷。在编纂过程中，广泛参考了《公羊传》《穀梁传》《国语》《史记》以及其他史经和先秦两

《左传纪事本末》

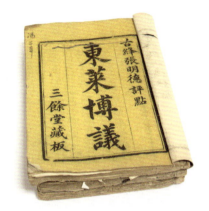

汉有关典籍的记载，并分别归于各条正文之下。凡增补的史实称"补逸"，附录了不同说法的称"考异"。该书现收藏于巴州区图书馆。

《东莱博议》

浙江金华吕祖谦撰，清三余堂刻本。该作品针对《左传》所载的治乱得失之迹，分篇而议，凡一百六十八篇。每篇立有标题，题下以小字引录有关传文，其后是作者的论议。《左传》中那种浓烈的史论色彩已多不存，更多的是道德伦理的说教。然文笔奇巧，设比取喻，翻空出奇，纵横捭阖，颇类《战国策》与苏东坡策论文的风格。该书现收藏于巴州区图书馆。

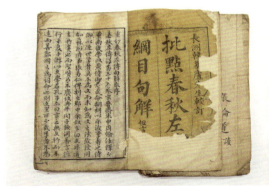

《重订春秋左传》

张纶道撰,咸丰元年(1851)宏道堂刻本。《重订春秋左传》为诸名家评点《春秋左传》纲目句解的汇集,有补充《春秋》经文的,也有订正《春秋》记事错误的。《左传》既是中国古代史学名著,也是文学名著。该书为研究《左传》及清末刻板印刷术提供了珍贵的第一手资料。该书现收藏于通江县向勇家。

《公羊传初学读本》

清代万廷兰编,清光绪二年(1876)四川学院衙门刻本。该书是儒家经典之一。上起鲁隐公元年(前722),止于鲁哀公十四年

（前454），与《春秋》起讫时间相同。相传其作者为子夏的弟子、战国时齐人公羊高。起初只是口说流传，西汉景帝时，传至玄孙公羊寿，由公羊寿与胡毋生一起将《春秋公羊传》著于竹帛。《公羊传》有东汉何休撰《春秋公羊解诂》、唐朝徐彦作《公羊传疏》、清朝陈立撰《公羊义疏》。该书现收藏于巴州区图书馆。

《述而（论语卷四）》

江西婺源朱熹著，清代刻本。"述而"是孔子的自我评价："述而不作，信而好古，窃比于我老彭。"本卷共包括三十八章，也是学者们在研究孔子和儒家思想时引述较多的篇章之一。本章提出了孔

《公羊传初学读本》

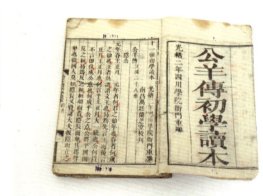

《述而（论语卷四）》

子的教育思想和学习态度，孔子对仁德等重要道德范畴的进一步阐释。该书现收藏于通江县向勇家。

《论语恒解》

四川双流刘沅著，清刻本。作者以儒为宗，会通儒释道三家理论，全新阐释传统的儒家经典《论语》，继承总结历代儒学大家思想，校正前贤疏错，力求恢复先秦儒学元典精神，规避宋儒禅风，还原"圣学"，注释诸经。该书现收藏于巴州区图书馆。

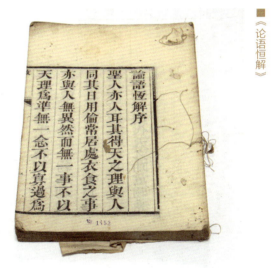

《论语恒解》

■《孟子弟子考补正》

■《告子（告子句章）》

《孟子弟子考补正》

清代贵州贵阳陈矩撰，清代刻本。作者鉴于朱彝尊以元人吴莱《孟子弟子列传》失传而所作《孟子弟子考》一书，于季孙、子叔二人，不从赵注，不引《外书》，且拘泥于前人所称十九人之说，仅粗拟目次，未及终篇，遂旁摭《姓谱》《群言拾唾》等书，佐以《外书》，厘校异同，补其疏漏，定季孙、子叔、周霄、孟季子为孟子弟子，另据《墨子》定浩生不害、告子胜为二人，得出孟子弟子为二十四人之结论。该书现收藏于巴州区图书馆。

《告子（告子句章）》

山东邹城孟子著，清代刊印（具体时间不详）。《告子》全篇原

文共二十章，集中讨论人性问题，是孟子"性善论"思想较为完整的体现，以及仁义道德与个人修养的问题。对精神与物质、感性与理性、人性与动物性等问题也有所涉及。该书现收藏于通江县向勇家。

《滕文公（孟子卷三）》

江西朱熹著，清代刻本。《滕文公》是儒家经典《孟子》中的一篇。创作于公元前372年至公元前289年之间，隶属于先秦散文。作品通过孟子和其他人交谈的语录来讲明道理，形象生动，体现出孟子"民为贵，社稷次之，君为轻"的思想。朱熹集注时，针对当时的社会环境，进行了详细的注解，对历史研究有一定意义。该书现收藏于通江县向勇家。

《天时（孟子之天时地利人和）》

　　作者不详，清代刻本。《天时地利人和》是《孟子》中一篇。其主旨是说作战中，有利的时令和气候不如有利的地势，有利的地形不如得人心。作为一位思想家，孟子的这句话充分体现了他在军事战略方面的智慧。在现实生活中，我们也应该认识到团结和人心的重要性，用心去体会并发挥它们的积极作用。该书现收藏于通江县向勇家。

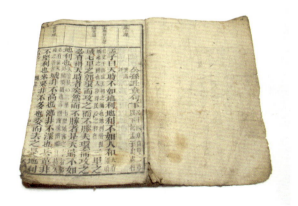

《天时（孟子之天时地利人和）》

《万章（孟子万章）》

　　作者不详，清代刻本。《万章》以长文为主，内容几乎全是有关尧、舜、禹、汤、孔子、百里奚等三代贤王和春秋贤人的事迹。文中孟子非常重视血缘亲情，强调孝悌的重要性，并且把维护血缘亲情当作人生的终极关怀，似乎与孟子提倡的"仁义"有所不同，但其中心思想并没变，文中对家庭与社会责任所产生的矛盾，有着独到的见解，具有重要的史料价值。该书现收藏于通江县向勇家。

《中庸恒解》

　　四川双流刘沅撰，清刻本。该书对《中庸》一书做注，融汉宋、古今文、三教于一体，提倡以天理人情折衷是非，以训诂为解经方式，以是否符合天理人情之中正取舍经意，文字音训、名物度数之考据以通经意，天理人情之正以阐经义。该书现收藏于巴州区图书馆。

《中庸》（卷二）

作者不详，清代刻本。《中庸》是中国古代论述人生修养境界的一部道德哲学专著，是儒家经典之一，相传为战国时期子思所作。其内容肯定"中庸"是道德行为的最高标准，认为"至诚"则达到人生的最高境界，并提出"博学之，审问之，慎思之，明辨之，笃行之"的学习过程和认识方法。卷二通篇围绕"君子·中庸，小人反中庸"进行

《中庸恒解》

《中庸》（卷二）

论述。该书现收藏于通江县向勇家。

《集虚斋口义》（九卷）

江苏金坛于光华著，清同治刻本。该书是对"四书"的注，共九卷。本书在朱子《章句》《集注》的基础上，从义理、精神、虚实出发，融入个人观点加注。因在紫阳书院口授"四书"，令学生记录，有增删之时，再口授改正，三年付梓，所以得名"口义"。该书现收藏于南江县图书馆。

《戴东原集》

安徽黄山戴震著，清宣统庚戌年（1910）渭南严氏私塾刻本。

■《戴东原集》

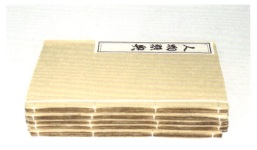

■《人物类典》

十二卷。此文集所收戴震考据文章涉及《诗经》《尚书》《周易》《尔雅》诸论，及天文、地理、术学诸学科，包括其散篇论著、论学书信及序跋等。《文集》中经籍考辨、声韵训诂、天算地理、序跋碑传，富有创见，是研究古代哲学、语言学、数学、地理及文献学的重要参考书。该书现收藏于南江县图书馆。

《人物类典》

作者不详，清刻本。该书也叫《四书人物类典》，将"四书"中

人与物分门别类，共六百七十余条。所采尽秦汉以前书，因有层次脉缕，或上贯某人之辞，或上贯某书之说，或解经而参以要语，或因类而联作骈言，还将书中涉及礼制大典及古人事实前后矛盾的地方进行了详细考证。既便检索，又便诵读，是解读"四书"的重要文献。该书现收藏于南江县图书馆。

《许氏说文》

河南漯河许慎撰，清刻本。该书又称《说文解字》，是由东汉经学家、文字学家许慎编著的语文工具书著作，是中国最早的系统分析汉字字形和考究字源的语文辞书，也是世界上最早的字典之一，被誉为"天下第一种书"。内容上共十五卷，前十四卷为文字解说，第十五卷为叙目；结构上按部首编排，共分五百四十个部首，收字九千三百五十三个，另有"重文"（即异体字）一千一百六十三个，共一万零五百一十六字。该书现收藏于巴州区图书馆。

《匡谬正俗》

山东临沂颜师古撰，清代刻本。《匡谬正俗》是唐代颜师古撰训诂书。该书是永徽二年（651）其子符玺郎扬庭表上于朝，高宗敕录本付秘阁。卷首载扬庭《表》，称"藁草才半，部帙未终"，盖犹未竟之本。又称"谨遵先范，分为八卷，勒成一部"，则今本乃扬庭所编。宋人诸家书目多作《刊谬正俗》，或作《纠谬正俗》，盖避太祖之讳。该书现收藏于巴州区图书馆。

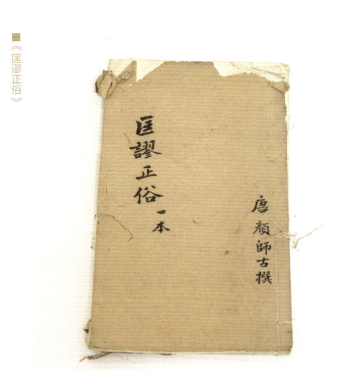

《匡谬正俗》

《增订金壶字考》

宋代释适编，清代田朝恒订正。清光绪元年（1875）刻本。本书对《金壶记》中的字进行考证，收录当中的多音字，追溯其来源等，并且分类，上列其字而下列注音，全书条理清晰，让人读之一目了然。读书现收藏于巴州区图书馆。

《书经恒解》

四川双流刘沅撰，清刻本，豫诚堂藏版。该书共六卷，卷首有光绪三十一年（1905）四川总督锡良（1853—1917）请宣付史馆为其立传的奏折和《国史馆本传》，以及《自序》一篇、《凡例》二十

《增订金壶字考》

条，并附《书序辨正》一卷。全书撰作的体例，乃先解篇题，略述内容大意，并仿蔡沈（1167—1230）《书集传》的做法，分别标示今文、古文之有无，接着解说经文，不重训诂考证，往往是以十分简洁的词语，诠释字义，而以较多的篇幅，析论文章的脉络，特别注重经义的发明。篇末再加《附解》，就前人对于篇中所存有的疑问，继续辩驳阐释，期使意旨晓畅，其间多为作者自己的体会论断。整体而言，作者解经的方式，以义理为尚，尽管有所考辨，也是相当粗浅，不似考据学者罗列庞杂的证据，而且鲜有文字、声韵方面的考察。该书现收藏于巴州区图书馆。

《说文解字义证》

　　清代山东曲阜桂馥撰，清刻本。该书是研究《说文》的重要
著作，清代《说文》四大家代表作之一。主要是按许氏对字义的解
释，广泛采录经史子集用例作为佐证而疏解之。许氏说解之外的意
义一概不收。此书特点是取材相当丰富，如对"吏"字的注释，先
引《尚书》《孟子》《左传》《周礼》等十种材料证明"吏"的常用意
义，然后再用《周礼》《管子·明法解》《韩非子·外储说》《论衡·量
知篇》等八种材料论证许慎"治人者也"的说解。广泛提供古书例
证，而不凭主观论断。《义证》对于历代用字搜括完备，且按时代排
列，几乎可以算一部"汉字字用史"。该书现收藏于巴州区图书馆。

《说文解字通释》

南唐浙江绍兴徐锴撰，清刻本。全书八篇，含通释三十卷、部叙二卷、通论三卷，祛妄、类聚、错综、疑义、系述各一卷，总四十卷。内容是对许慎的原文进行解释，并采用朱翱的反切注音。徐锴广泛引证，采用以古书证古书和以今语证古语两种方法，对《说文解字》中的古义、名物进行疏证、说明。该书现收藏于巴州区图书馆。

《说文真本》

河南漯河许慎著，清同治十年（1871）成都志古堂刻本。该书是由东汉经学家、文字学家许慎编著的语文工具书著作，是中国乃

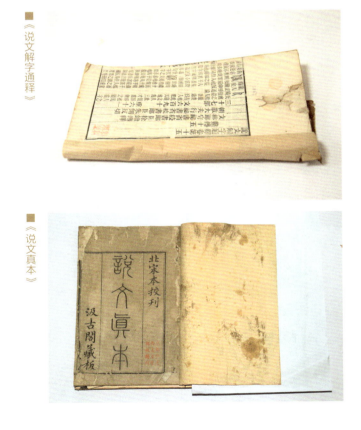

《说文解字通释》

《说文真本》

至世界第一部字典、中国最早的系统分析汉字字形和考究字源的语文辞书，为汉字建立了理论体系，开创了部首检字法的先河，是科学文字学和文献语言学的奠基之作，在中国语言学史上有重要的地位。本书为王筠注的汲古阁藏版，现收藏于南江县图书馆。

《说文新附考》

贵州遵义郑珍著，清光绪辛巳年（1881）刻本。该书是研究《说文解字》新附字著作。全书对《说文》所收的四百二十八个新附字逐字考释。本书主要从语用和语言系统（主要是词义系统）与文字系统之间的相互关系两个方面进行考据，为近现代汉语文字学家利

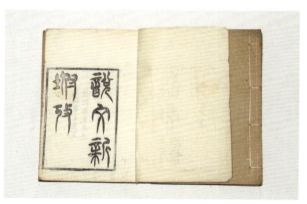

■ 《说文新附考》

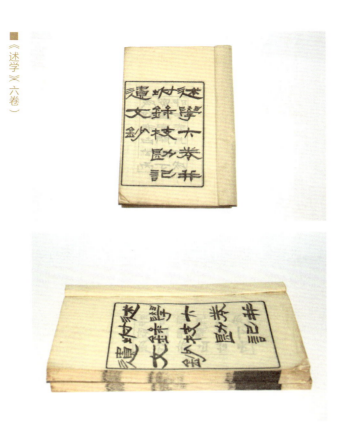

用《说文解字》来研究汉字系统的发生、发展和变异的规律打下了基础。该书现收藏于南江县图书馆。

《述学》（六卷）

江苏扬州汪中著，清同治六年（1867）成都志白堂刻本。作者本拟考辨上古三代学制，未果，后选录平日所撰经义传注考证、论说、序、碑铭等文，编成《述学》内篇三卷、外篇一卷。孙辑《补遗》一卷、《别录》一卷，增编全书为六卷，并附录《春秋述义》一篇，于道光三年（1823）重刻。书中表彰荀子、墨子；批评宋儒援禅入儒，是研究作者思想之主要资料。该书现收藏于南江县图书馆。

《字汇》（子集）

明代安徽宣城梅膺祚音释，清刻本。此书依据楷体，将许慎所著的《说文解字》做了重大改革，将原有的五百四十个部首归类合并为二百一十四部。正文是十二卷，每卷一集，按子、丑、寅、卯、辰、巳、午、未、申、酉、戌、亥十二地支的名称分为十二集。收字三万三千一百七十九个，每部中的字按笔画多少顺序排列，少者居前，多者居后。《字汇》首创按笔画多寡排列部首和单字，使该书更加实用，便于检索。除古书中常用字外，还收有俗字；收僻字不多。注音先列反切，后注直音。解释字义通俗易懂。其编排体例，即偏旁分部检字法，一直为后世《正字通》《康熙字典》等所遵循，成为

《字汇》（子集）

中国字典、词典主要编排方式之一。此书为明代至清初最为通行之字典。该书现收藏于巴州区图书馆。

《康熙字典》

清代江苏镇江张玉书、陈廷敬等撰，清光绪二十二年（1896）上海同文书局刊刻。《康熙字典》是张玉书、陈廷敬等在明朝梅膺祚《字汇》、张自烈《正字通》两书的基础上加以增订的。该书的编撰工作始于康熙四十九年（1710），成书于康熙五十五年（1716），历时六年，故名。字典采用部首分类法，按笔画排列单字，字典全书分为十二集，以十二地支标识，每集又分为上、中、下三卷，并

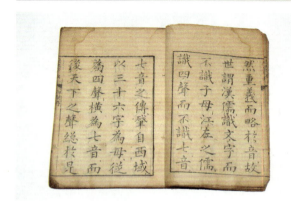

按韵母、声调以及音节分类排列韵母表及其对应汉字，共收录汉字四万七千零三十五个，为汉字研究的主要参考文献之一。该书现收藏于巴州区图书馆。

《康熙字典》

江苏镇江张玉书、陈廷敬等著，咸丰七年（1857）重刻。本书是奉康熙圣旨编撰的一部具有深远影响的汉字辞书，是一本专为古代学者借鉴资料的书。字典采用部首分类法，按笔画排列单字，字典全书分为十二集，以十二地支标识，每集又分为上、中、下三卷，并按韵母、声调以及音节分类排列韵母表及其对应汉字，共收录汉字四万七千零三十五个，是汉字研究的主要参考文献之一。该书现收藏于南江县档案馆。

《释名》

山东潍坊刘熙撰，清刻本。该书是解释词义的书。作者认为，可以从语言声音的角度来推测字义由来，根据语音来说明事物叫这个名字的原因，同时还注意到当时的语音和古音的异同。本书对后代训诂学因声求义的影响很大，同时也是研究汉语语源学的要典，其体例仿照《尔雅》。该书现收藏于巴州区图书馆。

《释名》

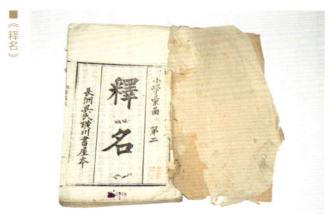

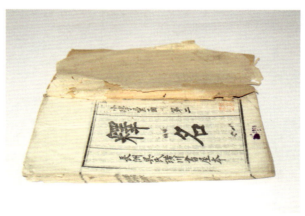

《广韵》(明内府本)

江西抚州陈彭年、丘雍撰,清刻本。该书收字二万六千余个,分为二百零六韵。其中平声五十七韵,上声五十五韵,去声六十韵,入声三十四韵。每一韵中,同音字排在一起,称为"纽"或"小韵"。每一小韵第一字注明反切和同音字数目,其他字不再注音。注解是先释义后注音,有异读者分别注明又音。韵书本应为诗赋写作需要而撰,以讲字音为主。本书增加大量注解,故可视作大型同音字典。书中保存大量中古汉语反切,并构成严密的语音系统,可以此为枢纽,上溯古音,下推今音。该书现收藏于巴州区图书馆。

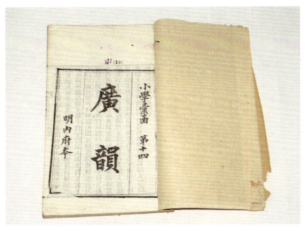

■《广韵》(明内府本)

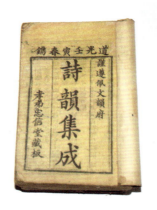

《诗韵集成》

余春亭撰，道光壬寅年（1842）中信堂藏版。韵书，六卷。为
旧时初学作诗者检韵之简易工具书。此书依清代官韵《佩文诗韵》
之一百零六韵，分类排列韵字，每字下辑集该韵字之习用诗歌语汇，
并有简要注释。该书现收藏于巴州区界牌村村史馆。

《朱子小学》

江西婺源朱熹著，清代刻本。《小学》完全是选录现成的文献编
成。全书六卷，凡分内外篇。内篇包括《立教》《明伦》《敬身》和《稽

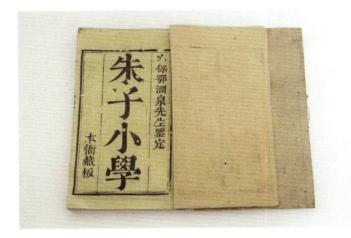

古》，以选录儒家经书为主。外篇则有《嘉言》和《善行》，辑录历代贤德之士的嘉言和善行。内篇的《立教》《明伦》和《敬身》，说的是道理，《稽古》则举的是具体事例；外篇的《嘉言》说的是道理，《善行》则讲的是具体事例。"然理，精也，本也；事，粗也，末也。本末精粗，一以贯之，其《小学》之书乎？"由此可见，"朱子《小学》一书，详于义理"。"理"或"义理"在《小学》中占有很大的分量。《小学》在成书之后，对中国传统启蒙教育乃至整个教育和学术都产生了深远的影响。该书现收藏于巴州区图书馆。

《翰苑校对十三经集字》

清代河北保定李鸿藻编,清刻本。十三经的生字表,可以用作蒙学教科书,也是科举考试的工具书,所集者系经书之字,并详及音释篆韵,总数为六千五百四十四字。该书现收藏于巴州区图书馆。

《经余必读》

江苏南通钱树棠、雷琳、钱树立撰,清刻本。该书是古人编撰的一种课外阅读书。凡例里说:凡童子束发受书,读"四书"经传后,即可以是编循诵,故概加句读,其文义奥质者,略有笺释,使人一目了然,其易晓者则从其略。三集共选自不同经典,包括《夏

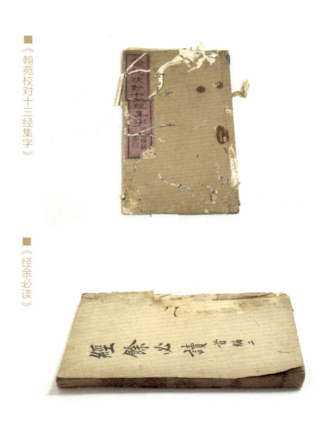

《翰苑校对十三经集字》

《经余必读》

小正《竹书纪年》《韩诗外传》《书序》《诗序》《孔子家语》《大戴礼记》《世说新语》《山海经》《穆天子传》。每种书只节选少数片段，适应不同阅读需求者，便于自学。该书现收藏于巴州区图书馆。

《诗韵集成》

余春亭撰，清代刻本。该书为旧时初学作诗者检韵之简易工具书。此书依清代官韵《佩文诗韵》之一百零六韵，分类排列韵字，每字下辑集该韵字之习用诗歌语汇，并有简要注释。该书现收藏于巴州区图书馆。

《幼学歌》（五卷）

清代福建青田王用臣编，清光绪十一年（1885）深泽王氏刻。该书是清末民国年间风行海内的幼学启蒙读物，分天文、地理、人事（人类、事类）、物类四大部分，以歌诀的形式生动全面地介绍了天文、历法、文学、艺术及社会生活方面的知识，可以说是一部独具特色的传统文化小百科。不仅是幼学启蒙的精良教本，而且也是各阶层人士了解中国传统文化的优秀普及读物。该书现收藏于巴州区图书馆。

《幼学歌》（五卷）

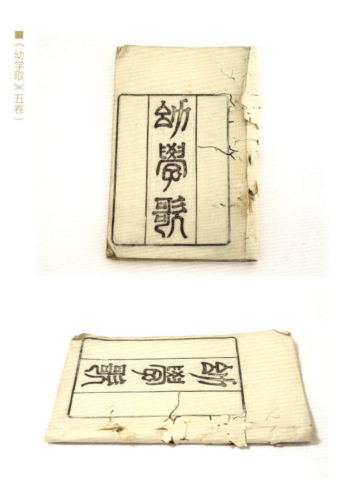

《幼学故事琼林》（元、亨、利）

明代江西新建程登吉原本，清代福建龙岩邹圣脉增补，清代刻本。邹圣脉在程登吉创作的传统蒙学课本基础上增补了文采斐然的注释三百四十三联，内容涉及天文地理、人事政治、婚姻家庭、草木虫鱼等，既是一部生活小百科全书，也是一部幼学启蒙教材。该书全部用骈文写成，文字简练，音节铿锵。该书现收藏于巴州区界牌村村史馆。

《幼学琼林》（四册）

江西新建程登吉著，清光绪二十九年（1903）刻本。全书全部用对偶句写成，容易诵读，便于记忆。全书内容广博、包罗万象，

《幼学故事琼林》（元、亨、利）

被称为中国古代的百科全书。书中对许多的成语出处作了介绍，还介绍了中国古代的著名人物、天文地理、典章制度、风俗礼仪、生老病死、婚丧嫁娶、鸟兽花木、朝廷文武、饮食器用、宫室珍宝、文事科第、释道鬼神等诸多方面的内容。该书现收藏于南江县图书馆。

《新增典故人物备考三字经注》

作者不详，清代海清堂刻本。该书针对《三字经》中的典故人物，做了详细的说明，书中配有插图，语言较为通俗，浅显易懂，该本应为私塾读本，现收藏于通江县向勇家。

《急就篇》

西汉史游著，清代玉海附刻本。该书是中国古代教学童识字、增长知识、开阔眼界的字书，在古代常被用作识字课本和常识课本。篇中分章叙述各种名物，如姓氏人名、锦绣、饮食、衣服、臣民、器物、虫鱼、服饰、音乐以及宫室、植物、动物、疾病、药品、官职、法律、地理等，不仅为识字而设，还有传播知识、以应实际需要的作用。该书现收藏于巴州区图书馆。

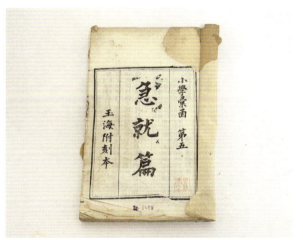

《急就篇》

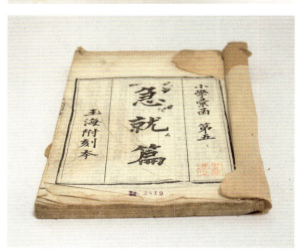

第二节 史部

《史记》（二十六册）

陕西韩城司马迁著，清同治十年（1871）成都书局刻本。《史记》是
中国历史上第一部纪传体通史，书写上至上古传说中的黄帝时代，下
至汉武帝太初四年间共三千多年的历史。全书包括十二本纪（记历代
帝王政绩）、三十世家（记诸侯国和汉代诸侯、勋贵兴亡）、七十列传
（记重要人物的言行事迹，主要叙人臣，其中最后一篇为自序）、十

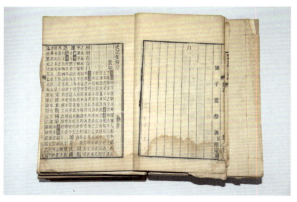

《史记》（二十六册）

■《前汉书》

表（大事年表）、八书（记各种典章制度：礼、乐、音律、历法、天文、封禅、水利、财用）共一百三十篇，五十二万六千五百余字。后附正义、论例、补注。该书现收藏于南江县图书馆。

《前汉书》

陕西咸阳班固著，庄适选注，清代刻本。中国第一部纪传体断代史，"二十四史"之一。是继《史记》之后中国古代又一部重要史书，与《史记》《后汉书》《三国志》并称为"前四史"。《汉书》主要记述了上起汉高祖元年（前206）下至新朝王莽地皇四年（23）共二百三十年的史事，包括纪十二篇、表八篇、志十篇、列传七十篇，共一百篇，后人划分为一百二十卷，共八十万字。该书现收藏于巴州区图书馆。

《后汉书》

河南淅川范晔撰，清同治十年（1871）武英殿刻本。《后汉书》
是东汉历史的纪传体断代史，记载了从汉光武帝至汉献帝一百九十五
年的史实；共一百二十卷，包括十纪、八十传、八志三十卷。创立
了七篇类传：《宦者传》《党锢传》《文苑传》《独行传》《方术传》《逸民
传》《列女传》。其中，《宦者传》与《党锢传》记党人与宦官两股势
力的对立与消长；《文苑传》记词章之士；《独行传》记特立卓行之
人；《方术传》记科学技术和谶纬神学；《逸民传》记隐居不仕的高
士；《列女传》记才行优秀的妇女。该书现收藏于南江县图书馆。

《后汉书》

河南淅川范晔撰，上海中华书局聚珍仿宋版印。属"二十四史"
之一。《后汉书》分十纪、八十传和八志（取自司马彪《续汉书》）。
全书主要记述了上起东汉的光武帝建武元年（25），下至汉献帝建
安二十五年（220）共一百九十五年的史事。《后汉书》大部分沿袭

《史记》《汉书》的现成体例，但在成书过程中，范晔根据东汉时期历史的具体特点，有所创新，有所变动。《后汉书》结构严谨，编排有序。如八十传，大体是按照时代的先后顺序进行排列的。最初三卷为两汉之际的风云人物，其后九卷是光武时代的宗室王侯和重要将领。范晔勇于暴露黑暗政治，同情和歌颂正义行为，一方面揭露鱼肉百姓的权贵，另一方面又表彰那些刚强正直、不畏强暴的中下层人士。该书现收藏于巴州区图书馆。

《三国志》

四川南充陈寿撰，清同治十年（1871）江南书局刻本，毛氏汲

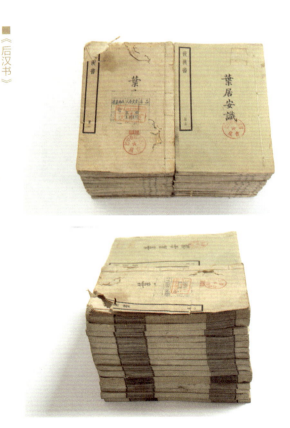

《后汉书》

古阁校刻。二十四史之一，记载中国三国时期的曹魏、蜀汉、东吴纪传体断代史，是二十四史中评价最高的"前四史"之一。此书完整地记叙了自汉末至晋初近百年间，中国由分裂走向统一的历史全貌。该书现收藏于南江县图书馆。

《杜氏通典》

陕西西安杜佑撰，清光绪二十七年（1901）上海集成书局刻本。本书是唐代杜佑撰写的中国第一部典志体史书。历时三十五年著成，一共二百卷。《通典》成书于唐宪宗贞元十七年（801），分为食货、

■ 《三国志》

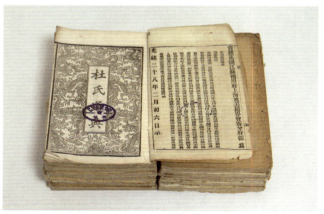

■ 《杜氏通典》

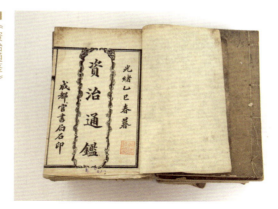

选举、职官、礼、乐、兵、刑法、州郡、边防九典，子目一千五百余条，约一百九十万字，记述了上至远古黄帝时期、下迄唐朝天宝末年的制度沿革，其中对唐代制度的叙述尤为详细。该书现收藏于巴州区图书馆。

《资治通鉴》

司马光著，清光绪乙巳年（1905）成都官书局石印本。本书是由北宋史学家司马光主编的一部多卷本编年体史书，共二百九十四卷，历时十九年完成。主要以时间为纲、事件为目，从周威烈王二十三年（前 403）写起，到五代后周世宗显德六年（959）征淮南停笔，涵盖十六朝一千三百六十二年的历史。在这部书里，司马光总结出许多治国的经验教训，供统治者借鉴。该书现收藏于巴州区图书馆。

《通鉴论》

　　山西运城司马光著，伍耀光辑录，清光绪辛丑年（1901）善成堂刻本。《资治通鉴》中有关史论的辑录，有司马光自己的议论，也有司马光引用之前学者的议论。原文散见于《资治通鉴》各处，清人伍耀光将这种史论辑录出来，单独成一书，名《通鉴论》。后附司马光另一著作《稽古录》中的史论。每论各有标题，论前各引《资治通鉴》正

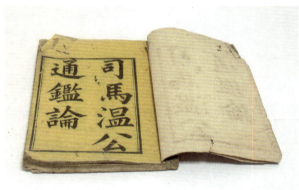

《通鉴论》

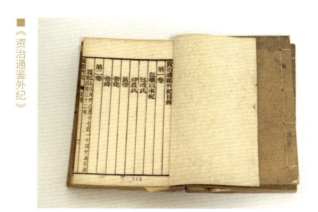

文若干，以作铺陈。此书虽无创见之功，实有辑录之劳，是读《资治通鉴》的辅助读本。该书现收藏于巴州区图书馆。

《资治通鉴外纪》

江西高安刘恕编，清代刻本。全书分十卷，又目录（年表）五卷。完成于神宗元丰元年（1078）。作者曾助司马光修《资治通鉴》，以《通鉴》起于周威烈王二十三年（前403）至后周显德六年（959），拟取周威烈王二十三年前为"前纪"，后周显德六年以后为"后纪"。后刘恕病废在家，仅成"前纪"，因《国语》称"春秋外传"之例，改称"外纪"。也称作《通鉴外传》，是中国最早的记述商朝以前历史的传

记。该书现收藏于巴州区图书馆。

《郑氏通志》

福建莆田郑樵著，清代刻本。《郑氏通志》是南宋郑樵所著的纪传体中国通史，当今称其为以人物为中心的纪传体中国通史，但中国传统史学将其归入典章制度的政书，列为"三通"之一，也有将其列入百科全书类的。全书二百卷，有帝纪十八卷、皇后列传二卷、年谱四卷、略五十一卷、列传一百二十五卷。作者郑樵，一生勤于著述，曾几次献书。《通志》为纪传体，但把年表改称年谱，把志改称略，保存了《晋书》的载记部分。总序和二十略是全书的精华。

除礼、器服、选举、刑等略外，其余各略都有新意。该书现收藏于巴州区图书馆。

《通鉴纪事本末》

福建建瓯袁枢撰，清光绪乙未年（1895）上海积山书局刻本。《通鉴纪事本末》是南宋袁枢编辑的纪事本末体史书，也是中国第一部纪事本末体史书，凡四十二卷。始于"三家分晋"终于"周世宗之征淮南"，共一千三百多年历史。文字全抄司马光的《资治通鉴》原文，只是撰写方式改易。取《资治通鉴》所记之事，区别门

《通鉴纪事本末》

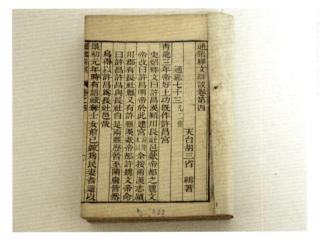

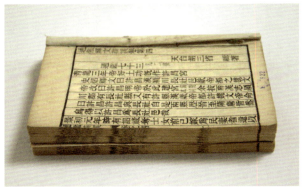

目，分类编排。专以记事为主，每一事详书始末，并自为标题，共
记二百三十九事，另附录六十六事。为了方便阅读，分为战国至秦、
两汉、魏晋南北朝和隋唐五代四部分。该书现收藏于巴州区图书馆。

《通鉴释文辨误》

　　浙江宁波胡三省撰，四川史炤修订，清代刻本。史籍考辨著作。
十二卷。司马光始作《资治通鉴》，宋人胡三省为之作《通鉴释文》
三十卷，然多谬误疏漏。南宋蜀人史炤对此重新进行修订、勘误。
该书现收藏于巴州区图书馆。

《马氏文献通考》

江西乐平马端临撰，清光绪二十七年（1901）上海图书馆铅印本。马端临，宋末元初的著名历史学家。本书共三百四十八卷，记载上古至宋宁宗时的典章制度沿革，分田赋、钱币、户口、职役、征榷、市籴、土贡、国用、选举、学校、职官、郊社、宗庙、王礼、乐、兵、刑、经籍、帝系、封建、象纬、物异、舆地、四裔二十四门。每门下分子目。除因袭《通典》外，兼采经史、会要、传记、奏疏、论议及其他文献，记宋代制度尤详备。自序谓"引古经史谓之'文'，参以唐宋以来诸臣之奏疏、诸儒之议论谓之'献'，故名曰《文献通考》"。今存最早刻本为元泰定年间杭州西湖书院刻的元

《马氏文献通考》

明递修本。该书现收藏于巴州区图书馆。

《东周列国全志》

明代江苏苏州冯梦龙撰，清代刻本。《东周列国全志》写的是西周结束（前789）至秦统一六国（前221）包括春秋、战国五百多年间的历史故事，内容相当丰富复杂。小说描写了周幽王凶残无道，周平王东迁，诸侯国争霸，士大夫势力日益壮大，最终形成七雄对峙局面；批判了昏庸愚昧的昏君暴君；揭示了战争给人民带来的深重灾难；歌颂了赏罚分明的王侯和有胆识的将相勇夫。小说的布局谋篇主次分明，错落有致。每一故事既可独立成篇，又可贯穿一体。

该书现收藏于巴州区图书馆。

《明纪》（三十卷）

江苏元和陈鹤著，清同治十年（1871）清代刻本。该书体例仿照荀悦之《汉纪》，博采《明史》《明实录》《明史稿》和野史等书，从元至正十一年（1351）开始记述，直到清顺治十八年（1661），主要记述了明朝和南明政权的重大史事。目录中各卷都称"纪"，并注明起止年份，唯福、唐、桂三王称"始末"，而且改用清朝皇帝的纪年。叙事扼要，但过于简略，现存二十册。该书现收藏于南江县图书馆。

《明纪》（三十卷）

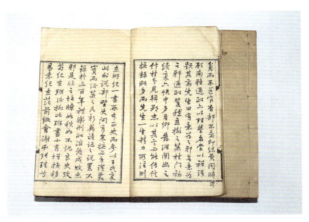

《明纪纲目》

浙江嘉善袁黄著，清光绪壬寅年（1902）刻本。袁黄（1533—1606），号了凡，明代思想家。纲鉴是指明人承袭宋代朱熹《通鉴纲目》体例编写的史书，讲述通俗历史，上起盘古开天地，下讫元亡，简述历代治乱兴废、制度沿革、土地分并等。本书只收录明代历史。该书现收藏于巴州区图书馆。

《增补资治纲鉴》

浙江嘉善袁了凡著，清光绪二十五年（1899）淡雅山房刻本。该书是编年体裁史书，对《资治通鉴》内容进行增补，特别是对《通

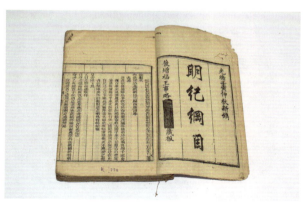

鉴》未涉及的史实进行补充，并续编《通鉴》所载之后四百八十二年史事，体例上兼备编年与纪传两种体裁的特点。在每一人物卒殁之后，则更综合事迹，作一小传。这种编年之中而寓纪传之体，确实起到了对编年体史书所载人物事迹纷杂难周的弊病予以弥补的作用。该书现收藏于巴州区图书馆。

《纲鉴合纂》

浙江嘉善袁了凡、王凤洲撰，清宣统二年（1910）尊经书局刻本。该书以混沌时代开篇，从神话时代的盘古开天地到三皇五帝，直到清朝顺治帝止，详细记录了中华五千年文明史。卷首为序、凡

《增补资治纲鉴》

《纲鉴合纂》

例、总目、姓氏、歌图、纪元、读法、总论。卷一至卷三十九，以及《加批明纪·通鉴纲目》二册二十卷，书写宇宙洪荒盘古开天、三皇五帝开疆拓土，以及夏朝至清朝初期的君王更迭、都城治所、疆域边界、重大事件、重要人物、天下状况，贯串古今，纲目分明。该书现收藏于巴州区图书馆。

《方舆全图总说》

江苏昆山顾祖禹、江西南昌彭元瑞撰，清光绪二十九年（1903）上海益吾斋石印本。该书是仿泰西法石印的一部世界地理图集。这部图集原为四卷，后增为五卷，分为三部分。第一部分包括东半球、

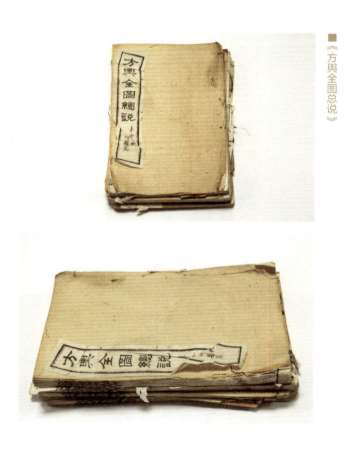

《方舆全图总说》

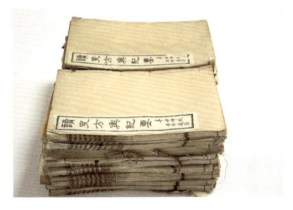

西半球、一统舆地图说；第二部分包括盛京、吉林、黑龙江、直隶、江苏、安徽、山东、山西、陕西、甘肃、河南、浙江、江西、湖北、湖南、四川、福建、广东、广西、云南、贵州图说等；第三部分包括九边总图、辽东、苏州、内三关、宣府、大同外三关、榆林、宁夏固兰、庄宁凉永、甘肃山丹、洮河、松潘、建昌等边图，麻阳、黄河、海运、漕运、朝鲜、安南、海夷、沙漠等图说。该书现收藏于巴州区图书馆。

《读史方舆纪要》

江苏昆山顾祖禹编，清光绪二十七年（1901）二林斋藏版铅印本。全书共一百三十卷。首为历代州域形势九卷，记述历代王朝的盛衰兴亡和地理大势；次为明代两京十三布政使司一百十四卷，分叙其名山、大川、重险，所属府、州、县及境内部分都司卫所的疆域、沿革、古迹、山川、关津、镇堡等，并记载其地发生的历史事件，考订其变迁，剖析其战守利害；再为川渎异同六卷，专叙禹贡山川的经流源委及漕河、海道；末为分野一卷。另附《舆图要览》四卷，内容有两京十三布政使司、九边、黄河、海运、漕运及朝鲜、安南、海夷、沙漠等图。全书参考二十一史、历代总志及部分地方志书达百余种，集明代以前历史地理学之大成，在当时即被誉为"数千百年所绝无仅有之书"。该书现收藏于巴州区图书馆。

《历代史总论》

江苏苏州张溥著，清光绪七年（1881）刻本。《历代史总论》，依《通鉴纪事本末》《宋史纪事本末》《元史纪事本末》编次作论，每卷一论，附于各篇之末。总论周"三家分晋"至元"诸帅之争"史实，标其大义，缀以微文。或就事以立言，或连类以尽致。对二十一家编年史著所载，触类相引，加以贯通论述，对当时人习读通史和习作史论有一定帮助。故一度颇为盛行，学者称其有裨"决嫌定疑，经生之家可以疏志广识，是其取精多而用物宏"。此书缺点，以春秋二百年及有明一代阙而弗备为憾，更受到理学影响，喜空言臆说，不切情事。该书现收藏于巴州区图书馆。

《历代史论》（周、秦）

江苏苏州张溥撰，光绪二年（1876）崇文书局刻本。本书是关于中国古代历史理论研究的一部系统的创始之作，作者努力遵循中国古代历史理论自身的面貌和特点，来反映它的存在、价值和意义。

《历代史论》周、秦

本册记录秦、周两朝的大事。其表述上的特点：一是"未尝离事而言理"，即关于理论的阐发，一般都同相关的历史发展与史学发展相结合、互表里；二是力图做到既能从横向上反映中国古代历史理论内涵的丰富性，又能从纵向上反映中国古代历史理论演进的连续性，进而揭示其秦、周产生、发展、繁荣的基本规律。该书现收藏于巴州区图书馆。

《历代史论》(六朝、隋)

江苏苏州张溥撰，光绪二年（1876）崇文书局刻本。本书是关于中国古代历史理论研究的一部系统的创始之作，作者努力遵循中国古代历史理论自身的面貌和特点，来反映它的存在、价值和意义。

本册记录隋、六朝的大事。其表述上的特点：一是"未尝离事而言理"，即关于理论的阐发，一般都同相关的历史发展与史学发展相结合、互表里；二是力图做到既能从横向上反映中国古代历史理论内涵的丰富性，又能从纵向上反映中国古代历史理论演进的连续性，进而揭示隋、六朝产生、发展、繁荣的基本规律。该书现收藏于巴州区图书馆。

《鉴略妥注》(五卷)

福建泉州李廷机著，清代刻本。又称《五字鉴》，儿童读的历史课本，以五言诗句韵文的形式，按时代顺序将我国上自远古传说，

《鉴略妥注》(五卷)

下至元明的社会历史，进行了简单扼要的总述和概括。可以说这是一部专述我国社会政治历史发展的蒙学读物。全书仅万余字，并成为蒙馆中与《三字经》《增广贤文》《幼学琼林》并列的蒙学读物。该书现收藏于南江县图书馆。

《纪元编》

江苏武进李兆洛编，清光绪戊子年（1888）上海斐英馆刻本。又名《历代纪元编》，是清朝嘉庆十年乙丑科进士李兆洛所编写。收录了自汉武帝到清代前期的各政权年号，包括很多地方小型政权的年号。该书现收藏于巴州区图书馆。

《御撰资治通鉴·明纪纲目三编》（二十卷）

安徽桐城张廷玉等撰，清代清恒言堂刻本。清乾隆年间仿照《资治通鉴纲目》的义例，修成的一部记载明朝史事的断代纲目体史籍。该书在史料来源上以《明史》为主、以《明实录》为补充，并杂取其他私人史著。在史料运用上具有善于剪裁、注重考证的特点。该书在思想上具有传统纲目体史著义理史学的影子，一方面注重通过谨严的书法对历史人物、历史事件进行善恶褒贬，另一方面则是注重总结历史教训，以史为鉴，对清代社会也产生了一定的影响。该书现收藏于南江县图书馆。

《皇朝文献通考辑要》(二十六卷)

清代张廷玉等纂修,清代刻本。该书为清代张廷玉等奉敕编撰的典制文献,记载了上起清朝开国元年(1616)下讫乾隆五十年(1785)这一时期的典章制度。全书共二十六门,包括田赋考、钱币考、户口考、职役考、征榷考、市籴考、土贡考、国用考、选举考、学校考、职官考、郊社考、群祀考、宗庙考、群庙考、王礼考、乐考、兵考、刑考、经籍考、帝系考、封建考、象纬考、物异考、舆地考、四裔考。该书现收藏于巴州区图书馆。

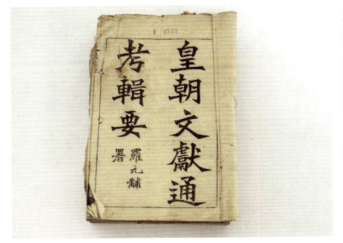

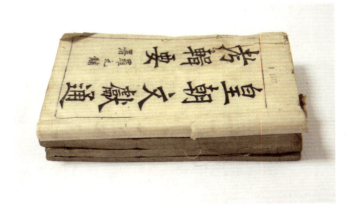

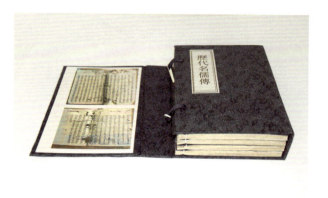

《历代名儒传》

清代福建安溪李清植撰。清光绪二十四年（1898）刻本。本书为历代三传——名儒、名臣、循吏传的单行本，记录了自汉至元共八十六位学子儒士的生平事迹。各传大多采自二十一史，兼采其他有关传记、文集及野史、杂史。该书现收藏于巴州区图书馆。

《皇朝通考》

江苏无锡嵇璜、刘墉、王傑撰，清代刻本。该书体例仿《续文献通考》，唯各考子目略有增删，分为二十六考、三百卷，较《文献通考》多群祀、群庙二考。根据清代实录、会典、则例等书编纂而成。

■《皇朝通考》

■《钦定续通志》

所记上自清太祖元年（1616）下迄清乾隆五十年（1785），分赋役、钱币、户口等二十六门，是研究清代早期典章制度和社会经济情况的重要资料。该书现收藏于巴州区图书馆。

《钦定续通志》

江苏无锡嵇璜、山东诸城刘墉等撰，河北沧州纪昀等校订，清代刻本。此书为嵇璜、刘墉等于乾隆三十二年（1767）奉敕撰，成书于五十年（1785）。与《钦定续通典》《钦定续文献通考》，合称为"续三通"。书六百四十卷，体例仿《通志》，惟缺世家及年谱。书中纪传始自唐初，至元末止；二十略自五代至明末止，补充了《通志》诸略于唐事的缺漏。本书（传）部分具特别的，较《通志》增列孔氏后裔传、贰臣传、奸臣传、叛臣传、逆臣传，而少了游侠传。

《钦定续文献通考辑要》

江苏无锡嵇璜等纂，清光绪二十七年（1901）上海图书馆集成书局铅印本。也作《续文献通考》，但区别于明代王圻所作《续文献通考》，为清乾隆十二年（1747）至乾隆四十九年（1784）三通馆臣嵇璜奉敕编撰。该书采宋、辽、金、元、明五朝事，分为二十六门，共二百五十卷，记录了宋宁宗嘉定末（1224）至明思宗崇祯末（1643）四百余年的政治经济制度的沿革，是一部重要的典制体史书。该书现收藏于巴州区图书馆。

《钦定续文献通考辑要》

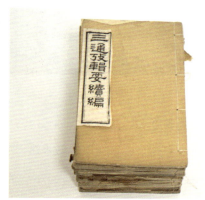

《皇朝通典》

《皇朝通典》

　　江苏无锡嵇璜、山东诸城刘墉等撰，清代刻本。《皇朝通典》，或称《清朝通典》。乾隆三十二年（1767）奉敕撰。共一百卷，记事起于清初，止于乾隆五十年。《皇朝通典》的体例与《通典》《续通典》一致，分食货、选举、职官、礼、乐、兵、刑、州郡、边防九门，唯细目则依清朝典章制度的实际而作相应的调整增删。该书综合《大清会典》《大清律例》《大清一统志》等成书材料而纂成，分门别类，便于检阅。该书现收藏于巴州区图书馆。

《钦定四库全书总目》

　　河北沧州纪昀等撰，清光绪二十年（1894）广雅书局刻本。

以经、史、子、集提纲，部下分类，全书共分四部、四十四类、六十七个子目，录收《四库全书》的著作三千四百六十一种（79307卷），又附录了未收入《四库全书》的著作六千七百九十三种（93551卷）。基本上包括了清乾隆以前我国重要的古籍，特别是元代以前的书籍很完备。《四库全书总目》著录了清乾隆以前包括哲学、史学、文学以及科学技术等各方面的文化典籍一万多种，是我国收书最多的目录，而且写有内容提要和评论，为学者研究中国封建社会的政治、经济、文化和历史提供了一部翔实的书目。该书现收藏于巴州区图书馆，只存集部目录。

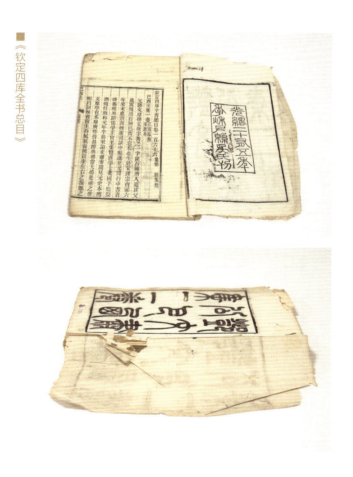

《钦定四库全书总目》

《史通削繁》（四卷）

河北沧州纪昀著，清光绪六年（1880）凯江李氏家塾刻本。唐代刘知几所著《史通》内外共四十九篇，该书虽为史学扛鼎之作，但对圣人的评价不够公正。前人中有黄叔琳撰《训故补》、浦起龙撰《通释》对此予以纠正。作者在浦氏本基础上，摘录精华及重新论述，为后来学者了解和掌握中国史典提供了方便。该书现收藏于南江县图书馆。

《历代循吏传》

江西高安朱轼撰，清同治三年（1864）刻本。本书共八卷，对历代循吏，也就是老百姓通常所说的清官做了详略得当的记载，对循吏

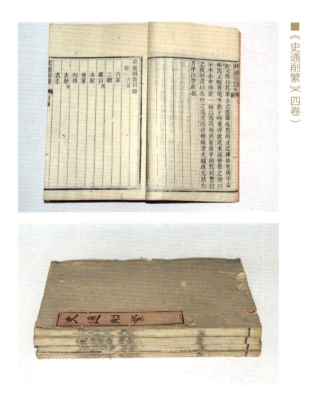

■《史通削繁》（四卷）

■《历代循吏传》

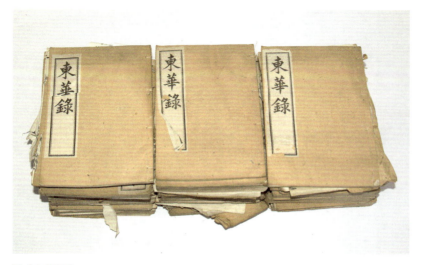

■《东华录》

的功绩、道德修养做了深入浅出的记录。该书现收藏于巴州区图书馆。

《东华录》

广西全州蒋良骐著，清代刻本。史料长篇。全书内容按年月日顺序排次，起太祖天命元年（1616），迄世宗雍正十三年（1735）。以国史馆在东华门内，故题为《东华录》，通称《蒋氏东华录》。蒋录失于简略，但保存了传本所不载的一些重要史料，对研究清初历史仍有重要参考价值。该书现收藏于巴州区图书馆。

《十朝东华录》

　　清代湖南长沙王先谦著，清光绪二十五年（1899）刻本。该书取材于《清实录》。又分蒋氏《东华录》和王氏《东华录》。蒋良骐《东华录》叙事自清太祖天命起，到世宗雍正止，录天命、天聪、崇德、顺治、康熙、雍正朝，又称"六朝东华录"。"蒋录"问世一百多年之后，王先谦作《东华续录》，续写乾隆、嘉庆、道光三朝，与前六朝相合，称《九朝东华录》。后又续写咸丰、同治两朝，与前九朝相合，又俗名《十一朝东华录》。此本为光绪善成堂刻，不录同治朝，应为十朝东华录。该书现收藏于巴州区图书馆。

《列国全志》

　　江苏南京蔡元放著，清代刻本。《列国全志》写的是西周结束

（前 789）至秦统一六国（前 221）包括春秋、战国五百多年间的历史故事，内容相当丰富复杂。小说描写了周幽王凶残无道，周平王东迁，诸侯国争霸，士大夫势力日益壮大，最终形成七雄对峙局面，批判了昏庸愚昧的昏君暴君，揭示了战争给人民带来的深重灾难，歌颂了赏罚分明的王侯和有胆识的将相勇夫。小说的布局谋篇主次分明，错落有致。每一故事既可独立成篇，又可贯穿一体。该书现收藏于巴州区图书馆。

《国朝汉学师承记》

清代江苏扬州江藩纂，清光绪丙申年（1896）刻本。全书共八

《列国全志》

卷，为列传体之清代学术史，阐述清代汉学者家法之承受、经学之源流。始自阎若璩、胡渭，终于黄宗羲、顾炎武。计四十家、附传十六人，共辑五十六家汉学者之传记与学术思想。该书现收藏于巴州区图书馆。

《皇朝经世文续编》

江苏常州盛康撰，清光绪辛丑年（1901）上海久敬斋刻本。体

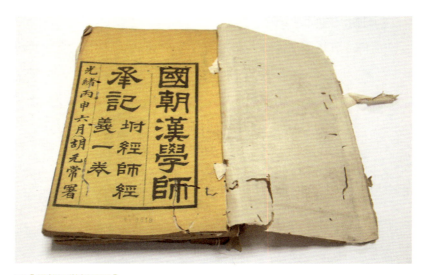

■《国朝汉学师承记》

■《皇朝经世文续编》

例全同《皇朝经世文编》，辑录道光、咸丰、同治、光绪间的奏稿、论文而成。分为九类，比《皇朝经世文编》多洋务一类，下分洋务通论、邦交、军政、教务、商务、固圉、培才七个目；户政类下增疆域一个目；在学术类文学目中附算学三卷，共七十四目。该书现收藏于巴州区图书馆。

《大清律例增修统纂集成》

任彭年撰，清光绪三十二年（1906）刻本。此书继道光三年（1823）姚润所纂的《新增律例统纂集成》，将其后所订新例逐条校补，同时录同治六年（1867）以前上谕及各省咨情部示通行成案、秋审条款

章程等引用的诸家注说、笺释。内分名例、吏、户、礼、兵、刑、工诸律目及总类比引律条、洗冤录、检尸图格、督捕则例附纂等篇目，是研究清代法律制度重要资料。该书现收藏于巴州区图书馆。

《皇朝中外一统舆图》

四川新繁严树森辑，清同治二年（1863）湖北抚署刻本。清代重要的地图，以康熙、乾隆两朝《内府舆图》为蓝本编绘而成，采用里画方法和经纬线制图法并用，每方百里，经度北狭南宽，用虚线表示，纬圈以二百里为一度，每卷容二纬度，自北而南，上下相属。该图范围北抵俄罗斯、北海，东至琉球，西至地中海，南至越南，自清末至民国十几年前，民间流传的地图皆以此图为蓝本。该书现收藏于巴州区图书馆。

《读史兵略》

湖南益阳胡林翼撰，清光绪癸卯年（1903）绍先书局刻本。该书共四十六卷，续编十卷。史评体兵书。全书按《资治通鉴》体例排列，共十八纪。第一卷述周，多取材于《左传》；第二至四十卷述秦至五代，均取材于《通鉴》之十五纪；续编则遵其例，增宋、元、明三纪。书中详述历代用兵之史实，论其方略，评其战术，议其治军，究其成败得失之所在。故书以博学精议为世人所重，在近代军

《读史兵略》

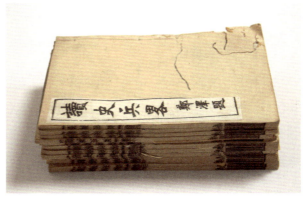

事史上产生过较大影响，曾供清末和民国初军事学校教学及军官自学之用。该书现收藏于巴州区图书馆。

《读史兵略续编》

湖南益阳胡林翼撰，清代刻本。胡林翼的《读史兵略》著录，刊行后影响很大，故续刊此编。约于清光绪二十六年（1900）成书。四十余万字。冠有俞樾序。分宋、元、明三纪，始自宋太祖，迄明崇祯，凡二十三帝。每条冠以帝王年号，系以有关用兵史事，述其因果、过程、战略、战术等，并评论其成败利害。理论与实践相结合，历史与当今相结合，且以古证今、预测未来，颇具科学价值。该书现收藏于巴州区图书馆。

《中兴名臣事略》

湖南平江李元度著，清光绪二十七年（1901）上海书局石印本。全书三十卷。李氏曾为曾国藩幕僚，熟悉湘军将帅及其镇压太平天国运动、捻军和左宗棠进军新疆等情况，同时参考咸丰、同治年间有关记载一百三十余种，将咸丰以来的重要将帅曾国藩、胡林翼、江忠源、左宗棠、乌兰泰、骆秉章及华尔、戈登等近二百人的有关事实，分别立传叙述。绝大多数传后都有作者评论。该书现收藏于巴州区图书馆。

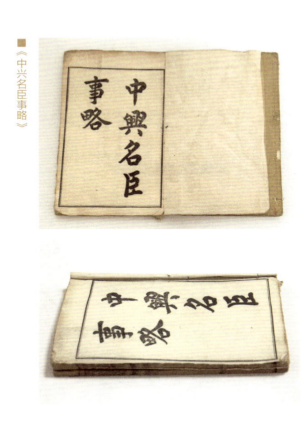

《中兴名臣事略》

《凤洲纲鉴》

　　江苏太昌王凤洲、袁了凡著，清光绪己卯年（1879）月恒言书房刻本。也即《纲鉴会纂》，是记述远古至元朝中国历史的纲鉴体史书，纲鉴是指明人承袭宋代朱熹《通鉴纲目》体例编写的史书。记载了围绕皇权发生的重大事件的背景、经过及结果、影响，简述历代治乱兴废、制度沿革、土地分并等变化，记载了封建朝代的兴衰、皇帝的更迭。本册主要涉及宋太祖等八位皇帝。该书现收藏于南江县档案馆。

《凤洲纲鉴》

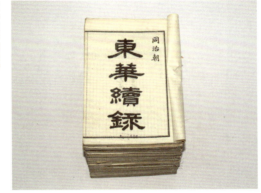

《中西政学问对》

作者不详,清代刻本。洋务派书籍,介绍西方兵法、军械、刑律、制造、植物、舟车、商务等内容。值得一提的是,序中认为须在广泛涉猎经、史、子、集的基础上,再选择"西学""西政",不能一味崇尚西学。该书现收藏于巴州区图书馆。

《东华续录》

浙江台州朱寿朋撰,清光绪己亥年(1899)公记书庄刻本。朱氏仿照蒋良骐、王先谦等所编《东华录》体例,收录同治一朝的朝章国典、军政大礼及列传有关材料辑成,主要依据是邸钞、京报,

部分采录当时的报纸记载。该书现收藏于巴州区图书馆。

《文献通考言说详节》

江苏常熟马端临撰，严虞惇录，清代刻本。此书是一部古代汉族典章制度史专著，记载田赋、钱币、职官、郊社、宗庙、王礼、乐、兵、刑、经籍、帝系、封建、象纬、物异、舆地等二十四门三百四十八种，共九册。该书现收藏于巴州区图书馆。

《文献通考辑要》

江苏常熟马端临撰，严虞惇辑，清代刻本。该书共二十四卷。

收录了上起乾隆五十年（1785）下迄宣统三年（1911）间的经、史、子、集四部文献八千余部，其在编纂体例上取法马端临《文献通考·经籍考》，每书下或辑录原书序跋，又间附按语略加考辨，是一部具有断代史性质的辑录体解题目录，成为继《四库全书总目》后又一读书治学的门径书目。该书现收藏于巴州区图书馆。

《四库补注》

江苏苏州胡玉缙撰，清代正益堂藏本。作者从最先刊布的浙本入手，细校杭州文澜阁库书，又因参与编撰《中国古籍善本书目》

《文献通考辑要》

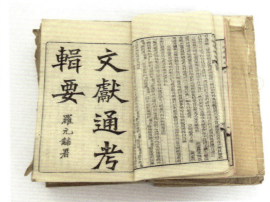

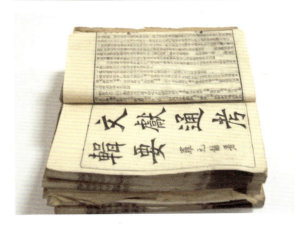

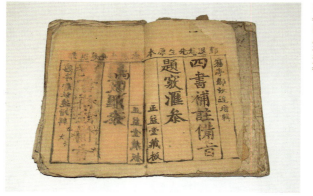

工作，手检目验，经眼善本数千种，积多年所得，撰成此书。全书正讹补缺六百余条，以经部为主，兼及史、子、集部之书。体例上与《四库提要》一致，标明各书书名、卷数标题。该书现收藏于巴州区图书馆。

《筹海蠡言》

四川射洪钟体志撰，清代刻本。钟氏于光绪十年（1884）中法战争时，上会办南洋大臣陈宝琛的时务条陈四通，附上彭祖贤禀一通。钟氏力主御侮，所拟攻防战守事宜颇具体。以海防急务为杜奸细、储材技、筹军饷、备沙垒、防诡道、维人心六项，设想周详。

本书是研究中法战争史的重要资料。该书现收藏于巴州区图书馆。

《惊天雷》

佚名，清代刻本。诉讼文书，呈状、供词、县衙的批文、衙役

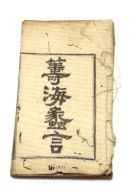

《筹海豁言》

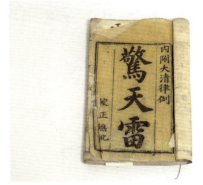

《惊天雷》

的禀文以及相关的契约、地形勘绘等相关文献皆在其中。该书现收藏于巴州区图书馆。

《欧罗巴通史》

日本箕作元八、峰岸米造纂,清代徐有成译,清光绪二十六年(1900)东亚译书会铅印本。该书是一部旨在讲述"西洋诸国之所以盛衰,文明之所以递嬗"的通史。该书将古今时序划分为"上古""中古""近古"和"最近世"。其中"上古""中古"两部分均未采录俄国历史,直至"近古"才从彼得执政始,讲述"鲁西亚"勃兴的历程,并附带补充几句彼得之前的俄国状态。书中描述彼得革新,"制度、风俗及文物皆效西欧之风",并认为这股"西欧之风"是"鲁西亚"的"新知大业"。在此文本中,彼得施行"新知大业"带给俄国的意义不仅在于国力强盛,更在于将俄国从无文明的历史阶段,导向文明演进轨道的"近古"期。可以说,清末最后十年间的西洋史著述几乎都以"彼得兴国"作为俄国步入"近古"或"近世"的开端,并强调俄国社会的新旧之别。该书现收藏于巴州区图书馆。

《北洋俄罗斯国志》

上海邹振环译,清代刻本。该书卷一介绍了东俄罗斯五部、西

《北洋俄罗斯国志》

俄罗斯八部、大俄罗斯十七部、小俄罗斯三部、南俄罗斯五部、加晏俄罗斯四部、南新藩俄罗斯五部，以上七类皆在欧罗巴洲境内；东藩俄罗斯四部（即西悉毕厘阿二部，包括都莫斯部、科弗利部；东悉毕厘阿二部，包括雅古萨部、甘查甲部）皆在阿细亚洲境内。卷二包括俄罗斯国沿革、国朝俄罗斯盟聘记、元代北方疆域考上、元代北方疆域考下。该书现收藏于巴州区图书馆。

《日本维新政治汇篇》

清代贵州遵义刘庆汾译，清光绪壬寅年（1902）刻本。本书全面介绍了日本明治维新的经过和政策。明治维新，是指19世纪60年代

日本在受到西方资本主义工业文明冲击背景下所进行的由上而下、具有资本主义性质的全面西化与现代化改革运动。明治维新期间，由"萨长土肥"藩士成立的新政权在戊辰战争中消灭德川幕府和反抗者，推行版籍奉还，结束长达六百多年的武士封建制度，建立日本近世第一个统一的中央集权政府。该书现收藏于巴州区图书馆。

《日本维新三十年史》

日本高山林次郎撰，罗孝高译，清光绪二十八年（1902）上海广智书局刻本。总结明治维新经验，供中国借鉴，撰成是书。内容分学术思想史、政治史、军政史等十二篇，记明治维新史甚详。译者主张

■《西学富强丛书》

效法日本，实行君主立宪制度，但宣扬"尊王改制"，主张拥戴光绪帝推行改革。为近代中国学者研究明治维新历史稽考征引之书。该书现收藏于巴州区图书馆。

《西学富强丛书》

作者不详，光绪丁酉年（1897）鸿文书局刻本。全书四十八册，是译述西方自然科学、社会科学的启蒙读物。有格致、汽学、体学、植物、动物、医学、图学、文学、官制、学制、农政、商政、船政、议论等门。该书现收藏于巴州区图书馆。

《蜀事答问》

天眉撰，清代刻本。该书是一本四川地方志。用一问一答的形式，记录了四川自古到今的大事，是研究四川省历史文化、地域特色、民俗习惯、风土人情的绝佳资料。该书现收藏于巴州区图书馆。

《西藏图考》

　　湖南长沙黄沛翘编，韩铣等绘图，光绪丁酉年（1897）刻本。该书多采辑前人著作，加以整理补充。首载《西藏全图》等四幅，附有说明；后附《源流考》等八篇，皆按图发挥。对路程、山川、城池、寺庙、艺文、外国等类，博采旁搜，条理明晰，对松筠《西招图略》补充尤多。该书现收藏于巴州区图书馆。

《蜀事答问》

《西藏图考》

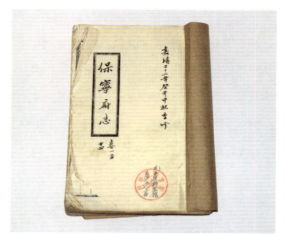

《保宁府志》

  作者不详,明嘉靖二十二年（1543）刻本。此书是1986年国家图书馆从日本购回的复印件,阆中市志办购回复印胶卷,南部县志办复印,赠予巴中。全书共十四卷。首冠任维贤序,次总图,次郡图,次州县图。正文分为:卷一至卷二,舆地纪。卷三至卷四,建置纪。卷五,食货纪。卷六,名胜纪。卷七,宦迹纪。卷八,名宦纪。卷九至卷十,人物纪。卷十一至卷十四,文艺纪。此志叙述简括,词亦典雅,纸墨尤其精湛悦目。山川名胜,凡今题咏,循《吴郡志》例,依类附于其下。而文艺则别立一门,十分恰当。该书现收藏于巴州区档案馆。

《宁羌州志》

马毓华著，清代刻本。汉中宁强县地方志。以礼俗、食货、学校、人物等门类记事最为详尽，仅礼俗门便达五万余字，婚、祭、丧等礼俗及族谱、祠馆等无所不载。该书现收藏于巴州区图书馆。

《仪陇县志·艺文志》

清代安徽歙县曹绍樾、胡晋熙、伍生辉修，清同治十年（1871）刻本。全书共六卷，卷首为序、凡例、纂修姓氏、舆图。分为：卷一，天文志；卷二，舆地志；卷三，食货志；卷四，学校志；卷五，武备志；卷六，职官志；卷七，选举志；卷八，人物志；卷九，艺

《宁羌州志》

《仪陇县志·艺文志》

文志；卷十，杂类志。此志叙述清楚，文辞简约，体例亦允当，可谓实事求是之作。艺文志主要记录仪陇县历代图书典籍。该书现收藏于巴州区图书馆。

《罗江县志》

清代四川德阳李调元撰，清代刻本。全书分十七门，约五万字，编例自订，未按照正规县志编排，从门类设置到内容编排，均与其他县志不尽相同。除卷一之沿革、疆域、城池、公署、职官、宦绩，卷九至十之人物、土产等外，卷二至八则分作城内东、南、西、北四乡来分述其山川道里、祠庙寺观、古迹名胜、风土人物等，各附

■《罗江县志》

入有关之诗文，多系化楠、调元父子所作。该书现收藏于巴州区图书馆。

*《巴州志》

清代巴州知州朱锡谷（福建人）编纂，清道光癸巳年（1833）培元堂藏本。四川地方志。巴州志自宋至明、清屡修，仅存乾隆、嘉庆二志，本志于道光十三年（1833）成书。记事止十一年。约十一万字。卷首有巴州全图、古巴州图、巴江水道源流图、小宁城图等八幅并图说。正文分地理、建置、田赋、职官、选举、士女、艺文、杂纪八志，含沿革、山川、风俗、物产、城池等二十五目。

《巴州志》

该书现收藏于巴州区档案馆。

*《南江县志》

湖北荆门胡炳纂修，清代刻本。全书共三卷。首载胡炳序，次
目录，次凡例。上卷为天文、星象、舆图、沿革、疆域、形势、风
俗、山水、城池、衙署、关隘、堡寨、祠庙、寺观、名墓、桥梁、驿
递、物产。中卷为田赋、户口、仓谷、盐法、茶法、官职、祀典、文
庙、武庙、名宦、乡贤、节烈、学校、书院、田地、义学田地、选
举。下卷为诗文、杂记，附三省边防摘要。此志具体准确，文笔简
练。门目序次，皆合法度。该书现收藏于南江县档案馆。

*《通江县志》

四川通江李钟峨、陈瑞生、锡檀纂修，清道光二十八年（1848）刻本，官衙藏本。通江地方志，共十五卷。正文分为十门，天文、舆地、食货、学校、武备、职官、选举、人物、艺文等。此志体例在清康熙三十年（1691）李蕃所修志书的基础上修正了原来的错误。此志十门之后，另有三门，为人物、祥异、艺文，是续篇。该书现收藏于通江县档案馆。

《通江县志》

*《白石谢氏三修族谱》

白石谢氏宗族修，宣统元年（1909）刻本。巴中谢梁氏居住在巴中市恩阳区雪山镇，南江县红光镇、云顶镇和巴州区柳岗一带，具有一族两姓、共用字辈的特征。祖籍是湖南省湘乡市四十二都白石堡。其始祖谢祥钦的父母、兄弟均参加红巾军，全部阵亡。其父母临死前，将年仅八岁的谢祥钦托孤给内弟梁世机抚养，梁世机无嗣，只有一女，洪武八年（1375）谢祥钦便与梁世机之女结为夫妻，兼承谢梁二姓，共用字辈。生昌字辈八人。至乾隆二十九年（1764）长子昌杰后裔还宗，单姓谢。此时昌杰其他后裔随"湖广填四川"一千七百多人，后来很多人都不知道湖南已经还宗单姓谢。于是川渝两地至今还是谢、梁二姓共存。有兄谢弟梁、父谢子梁、生梁死谢。该族谱现存于巴州区谢学成家。

*《白氏家乘》

白诗轩编，清宣统二年（1910）清刻本。《白氏家乘》是川陕一

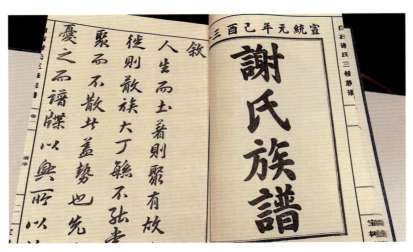

■《白石谢氏三修族谱》

带白家的宗谱，相传为白居易后裔。白家枝繁叶茂，族谱亦多次修撰，此卷为几房合修，共九册，分为礼、义、廉、耻等部。该书现收藏于巴州区档案馆。

《白氏家乘》

第三节 子 部

《四书恒解》

清代四川双流刘沅辑注，清刻本。本书是中国古代文献中罕见之汇通儒释道三家哲学精髓，探索和谐文化与智慧，揭示为学、为人真谛且形成完整学术体系的哲学著作，辨章学术，考镜源流，博学多方，不仅所涉领域十分广博，而且在学术上和方法上自成体系。其内容之宏富、方法之独特、论述之精深，为当世所罕见，具有很

■ 《四书恒解》

高的学术研究价值。该书现收藏于巴州区图书馆。

《槐轩名家诗》

四川双流刘沅著，咸丰七年（1857）祥与堂刻本。槐轩是清代刘沅在成都的府邸和书塾。刘沅在本书中，详细以儒学元典精神为根本，会通儒家学说、道家学说和佛家学说，融道入儒，会通禅佛，而归本于儒，阐释唐宋诗作中儒释道三家学说的精微。该书现收藏于巴州区界牌村侯维周家。

《经话》

四川井研县廖平撰，清光绪二十三年（1897）尊经书院刻本。

■《经话》

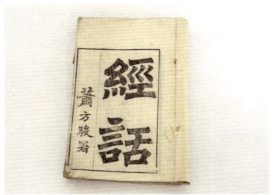

本书是廖平研治经学的杂记，大抵泛论诸经，逐一订正各家得失。廖平指出，习儒之士解经恣意发挥，会使后学者无所信守。要探索儒经精深微妙之旨，须先立章教：首戒不得本源，专门沿袭支派；二戒以古乱今，不分家法；三戒自恃才辩，以敏捷的口才强词夺理；四戒支杂衍说，游荡无根。以上四个方面，就是才能高超、学识广博的人，也是十分忌讳的。对世所袭用的流弊略加敷陈，并以此为依据穷源究委，凡各经篇目的真伪、注疏得失，及其微言大义、训诂典制，一一加以考证。上溯孔子订六经之真伪，下论历代儒者说经之是非，体现了廖平研治经学的创造精神。该书现收藏于巴州区图书馆。

《老子章句新释》

张默生著，清代刻本。全书由"自序""注释凡例""老子叙论""上篇""下篇"和"老子章句异同考"六个部分组成。本书分章从河上公本和王弼本，原文及章句从王弼本，"注解"由"字解""句解"和"大意"三部分组成。"字解"一项力求简明，不多引证。所下字义或本之历代注释家多数意见，或本之近代训诂家考证结果，或按原文文义解释之。"句解"一项是全书的重心。为求易于了解，对全书文字进行翻译。遇有文字衔接不明或含义深奥者，则不惜笔

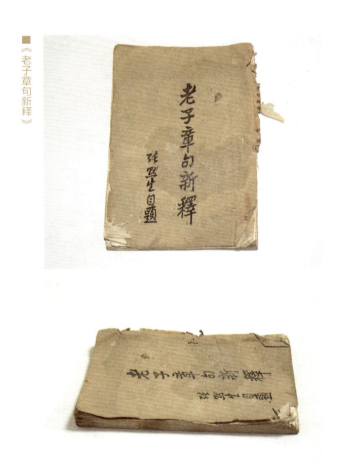

《老子章句新释》

第一章　清朝及以前

墨加以发挥，以求贯通。"大意"一项系将各章大意用扼要语句加以总括。该书现收藏于巴州区图书馆。

《庄子审音》

清代席树馨辑，清代刻本。本书是对《庄子》的校勘和训诂。《庄子》又名《南华经》，是战国中后期庄子及其后学所著道家学说汇总。《庄子》对工具理性地进行了深刻批判，进一步提出了"得意忘言"的观点。该书现收藏于巴州区图书馆。

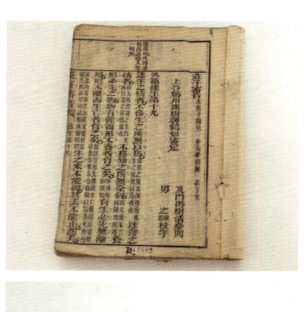

■《庄子审音》

《钦定授时通考》（七十八卷）

　　安徽桐城鄂尔泰、张廷玉等纂，清光绪元年（1875）刻本。清朝第一部大型官修综合性农书，共三十四册。汇辑前人关于农业方面的著述，搜集古代经、史、子、集中有关农事的记载，全书共分八门：一为"天时"，论述农家四季活计；二为"土宜"，讲辨方、物土、田制、水利等内容；三为"谷种"，记载各种农作物的性质；四为"功作"，记述从垦耕到收藏各生产环节所需工具和操作方法；五为"劝课"，是有关历朝重农的政令；六为"蓄聚"，论述备荒的各种制度；七为"农余"，记述大田以外的蔬菜、果木、畜牧等种种副业；八为"蚕桑"，记载养蚕缫丝等各项事宜。该书现收藏于南江

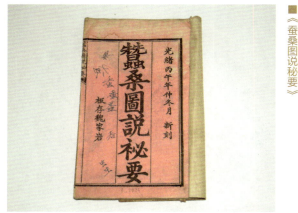

县图书馆。

《蚕桑图说秘要》

　　湖南邵阳何石安、魏默深辑，清光绪丙午年（1906）魏家岩藏本。此书正文分为文字与图说两部分。其一是说桑、说蚕、缫丝等文字部分，具体包括：说桑五条——种桑大要说、种接本桑并剪桑说、种桑秧说、下秧说；说蚕十条——蚕种说、收子说、浴蚕说、收蚕说、饲叶说、蚕眠说、上山说、蚕忌说、缫丝说、挑茧说；缫丝法十二条。其二是二十九种图说，图文对照，具体描述了蚕桑工具的使用方法。图说部分共二十九图：丝车状总图、车状式、车轴式、牌坊式、丝称式、牡娘镫绳式、做丝手式、踏脚板式、火盆式、丝灶烟筒式、绵豁式、托绵叉坠梗式、切桑砧式、叶筛式、蚕筐式、筛蚕网式、大蚕植式、小蚕植式、担蚕毛式、蚕簪式、山棚芦帘草扫式、蚕篮式、桑剪式、桑梯式、桑钩式、叶桮式、桑锯式、接桑刀式、刮桑耙式。该书现收藏于巴州区图书馆。

《寿世保元》（壬集、庚集、戊集、癸集）

江西金溪龚廷贤著，清代广顺堂木刻本。中医理疗基础书籍，其论述包括脏腑、经络、诊脉、用药等，对诊脉描述尤详，并对脏腑、气血等重要内容作了专篇论述。书中对临床各科疾病的证治亦

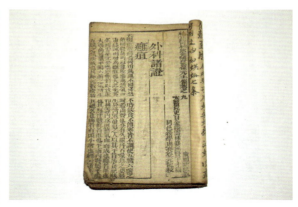

《寿世保元》（壬集、庚集、戊集、癸集）

阐述精详，每一病症之下均先采前贤之说分析病因，然后列述症状、确立治法、后备方药，有的尚附有验案。该书现收藏于巴州区界牌村博物馆。

《医宗金鉴》

安徽歙县吴谦著，清代刻本。医学教科书，是我国综合性中医医书中比较完善而又简要的一种。全书采集了上自春秋战国、下至明清时期历代医书的精华，其中以《伤寒论》和《金匮要略》等经典著作的注释最为著名。图、说、方、论俱备，并附有歌诀，便于记诵，尤其切合临床实用，流传极为广泛。该书现收藏于巴州区界

《医宗金鉴》

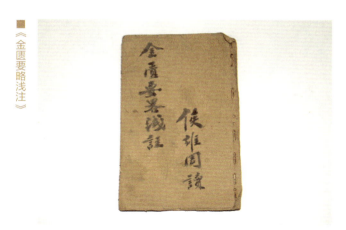

牌村博物馆。

《金匮要略浅注》

　　福建长乐陈修园著，清代上海金章书局石刻本。清代医家陈修园的代表著作，作者选集前人《金匮要略》注本中的精彩注文，结合个人见解予以阐发，采用浅显易懂的文字用小字衬加于《金匮要略》原文之中，使之深入浅出、一气呵成。原文、注文既可连读而易于理解，又可分读以保持原旨，对理解《金匮要略》极有帮助。该书现收藏于巴州区界牌村侯维周家。

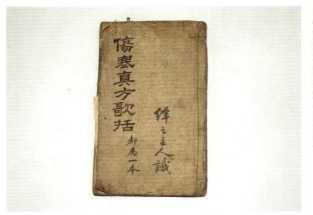

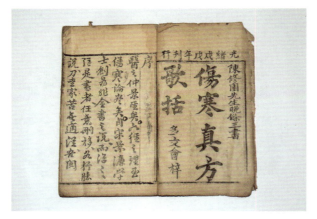

《伤寒真方歌括》（一至六卷）

福建长乐陈修园著，清光绪戊戌年（1898）多文会刻本。清代医家陈修园的代表作之一。全书以六经为纲，分六卷十四篇，计歌括九十六首。每篇先精选《伤寒论》主要经文，给人以概括性的认识；次为七言绝句形式的歌括，深入浅出，便于诵记；再是方解，注释其中他认为精妙之处。本书打破了宋元以后医家"凡传经俱为热症，寒邪有直中而无传经"之说，是初学《伤寒论》者引路导航之作，亦是研究仲景学说和陈氏学术思想的一部重要参考书。该书现收藏于巴州区界牌村博物馆。

《伤寒浅注》

福建长乐陈修园著，光绪己丑年（1889）务本堂刻本。作者对王叔和所编的《伤寒论》原文删去他认为是王氏所增补的平脉辨脉篇、伤寒序例、诸可与诸不可等篇，于原文中衬以小注，注文以二张学说为主，兼采诸家精义以求阐明经旨。本书文字清新流畅、浅显通俗，且多赋以韵脚，或作成歌括，易读易记，利于自学，是中医普及教育的理想书籍。该书现收藏于南江县图书馆。

《景岳新方砭》

福建长乐陈修园著，光绪丁亥年（1887）务本堂刻本。方剂学

《伤寒浅注》

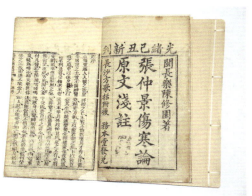

著作，又名《新方八阵砭》，分补、和、攻、散、寒五部分。作者对张景岳的《新方八阵》所载方剂及有关理论以书评的方式给予阐析辩驳，认为该书所立新方，其配伍、方义多"杂沓模糊"，尤其是补阴、补阳之说，与张仲景立方之旨不合，医学价值不高。该书现收藏于南江县图书馆。

《一草亭眼科全集书》

江西樟树邓苑撰，清光绪二年（1876）刻本。清光绪八年（1882），胡芝樵将本书与《异授眼科》合刊，称《启蒙真谛》。本书先列目论、目议，介绍眼科基础知识，继述内障、外障证治。外障

《景岳新方砭》

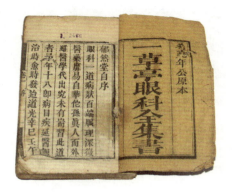

《一草亭眼科全集书》

列四十六症，多属风凝热积血滞所致，治以除风散热、活血明目；内障列二十四症，多因血少劳神，治以养血补阴、安神明目。再述儿科眼疾治法。末附薛氏选方十三首。本书简明扼要，易于掌握。该书现收藏于巴州区图书馆。

《傅氏眼科审视函》

江苏南京傅仁宇著，清代石刻本。该书共六卷。卷首载眼科前贤医案及"五轮八廓"学说；卷一至卷二阐述眼与脏腑经络的关系、眼病的病因病机等；卷三至卷六以眼科病症为目，论述各病脉因症治，兼论小儿目疾、眼科针灸等。共列一百零八症、三百余方。后附眼科针灸要穴图说。此书采集前贤之说，深入阐发"五轮八廓"等眼科理论，对后世眼科学术发展很有影响。该书现收藏于巴州区界牌村张济方家。

《黄帝内经灵枢素问》

浙江杭州张志聪著，清咸丰二年（1852）玻璃厂藏本。全书按《黄帝内经素问》八十篇序列分为九卷，其中卷八第七十《刺法论》、第七十三《本病论》两篇原阙。张氏于《素问》各篇之首，多先简解题意，或提要钩玄，以昭示该篇大要；凡重要之经文句节，除详加阐释外，复批眉注，以引起读者重视。该书现收藏于巴州区图书馆。

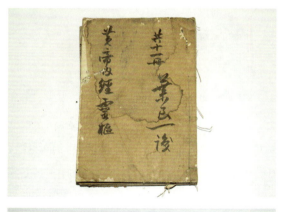

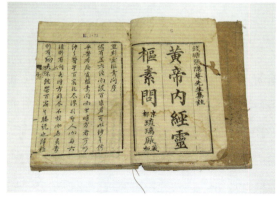

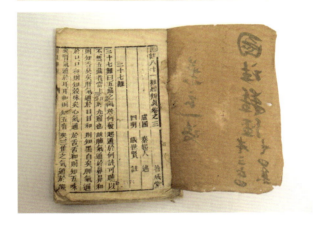

《图注八十一难经》

浙江宁波张世贤著，清光绪二十四年（1898）善成堂刻本。本书是明代张世贤注释的一部医经著作，共八卷（又有四卷本，内容同）。张氏鉴于《难经》一书文义隐奥，故重新为之增绘图表，使每难有一图，以帮助读者理解原文蕴义。基本内容包括经脉脉诊、脏腑七神、阴阳五行、气血营卫、病态分类、腧穴针灸、三焦命火、七冲门以及奇经八脉等理论和疑难问题。此书内含明正德五年（1510）扬州吕邦佑、明嘉庆三十三年（1554）吴门沈氏碧梧亭两种刊本。该书现收藏于巴州区图书馆。

《本草崇原集解》

浙江杭州仲学格著，清代上海锦文堂石印本。本书又名《本草崇原集说》，药物学著作，共三卷，是在《本草崇原》一书基础上增补校订而成。增补的内容主要选自《本草经读》《本草经解》《神农本草经百种录》以及《医学真传》《侣山堂类辨》等书，均标明出处，附加按语，但未新增药品，此外还对《本草崇原》一书的某些文字进行了删订。该书现收藏于巴州区图书馆。

《温病条辨》

江苏淮阴吴塘撰，清代刻本。本书为清代温病学派的名著之一。

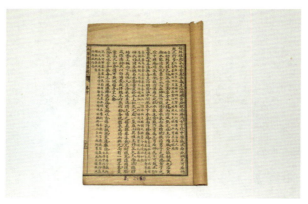

《本草崇原集解》

《温病条辨》

《临证指南》

《温病条辨》共分六卷，卷首引证《内经》原文并加以诠释，以原温病之始；卷一至卷三系统地将温病隶分上、中、下三焦篇，详尽阐述其辨证、传变及证治；卷四为杂说，专门讨论温病学理论中有待进一步探究辨明的问题；卷五为解产难，卷六为解儿难，都是结合温病的理论来探讨产后调治以及小儿惊风、痘证等。该书现收藏于巴州区图书馆。

《临证指南》

清代江苏叶桂撰，清光绪十年（1884）刻本。该书搜罗宏富、征引广博、按语精当、实用性强，不仅比较全面地展现了叶天士在温热时证、各科杂病方面的诊疗经验，而且充分反映了叶天士融汇古今、独创新说的学术特点，对中医温热病学、内科病学、妇产科学等临床医学的发展均产生了较大的影响。《临证指南》是中医工作者进行教学、研究，特别是从事临床诊疗必读的中医古籍之一。该书现收藏于巴州区图书馆。

《济阴纲目》

陕西临潼武之望著，清代石刻本。全书五卷。本书是在《证治准绳·女科》一书基础上加以整理改编而成。书中分为调经、经闭、血崩、赤白带下、虚劳、积聚症瘕、求子、浮肿、前阴诸病、胎前、临产、产后及乳病等十三门，每门又分列多种病症，有论有方。其所论述独具卓见。所述方药，亦多有验。本书引录资料丰富，分类详细，选方较实用，对后世有一定的影响。该书现收藏于巴州区界牌村博物馆。

《济阴纲目》

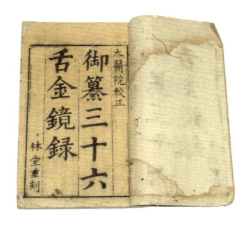

《金镜录》

太医院校正,清嘉庆二十二年(1817)刻本。诊断学著作。本书是最早的舌诊书。察舌辨症是中医诊断方法之一,原书以舌验症,有十二图;杜氏增以二十四舌、三十六舌。每舌均附图帧。病以伤寒为主,兼及内科杂病及其他病症,每种病理舌均记载其症候、治法和方药,根据舌色分辨寒热虚实、内伤外感,记述症治和方药。对于临床参考,很有助益。该书现收藏于巴州区图书馆。

《活幼心法》

江西樟树聂尚恒著，清代嘉庆己卯年（1819）文星堂刻本。又名《活幼心法大全》。九卷。卷一至卷六为痘科，为本书之主体，对痘疹的病原及其不同阶段的发病特点、症状及治法，作了较详细的辨析，其中不乏作者独到的学术见解。卷七是作者治痘疹的医案。卷八论瘰疹。卷九论儿科惊风、吐泻等六种杂症。本书在痘疹专著中影响较大。该书现收藏于巴州区界牌村博物馆。

《脉诀规正》（上卷）

河北河间沈镜著，清代天成堂刻本。又叫《删注脉诀规正》，脉

■《活幼心法》

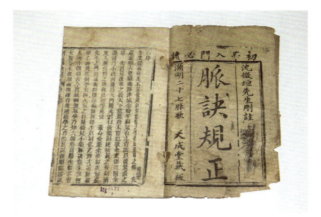

学著作。本书根据高阳生《脉诀》予以删订加注，是为本书主体，卷
首补入内景真传图说、脏腑十二官、四时五脏平脉、邪脉图、背部五
脏之腧图说等。上卷主要是记录人体经脉走向，其中内景真增图是在
华佗《内照图》基础上加以补注，表明人体脏腑组织的解剖结构和相
互联系，另有十二经脏腑手足阴阳表里图、三焦图、五脏生成喜恶色
味图、命门图、脏腑十二时流注图、五行相应生脉图、四时五脏平脉
图、四时五脏邪脉图、十四经动脉图、五脏之腧皆系于背图等，并采
集《内经》《难经》及诸家精粹加以注解，具有很高的临床价值。该书
现收藏于巴州区图书馆。

《脉诀归正》（上卷）

清代沈镜编撰，沈微垣删注，清光绪三十年（1904）宏源堂藏版。该书又叫《删注脉诀规正》。二卷。本书据高阳生《脉诀》予以删订加注，是为本书主体，但卷首补入内景真传图说、脏腑十二官、四时五脏平脉、邪脉图、背部五脏之腧图说等；上下卷并将《濒湖脉学》《奇经八脉脉病歌》等摘抄附入，便于参考学习。该书现收藏于巴州区界牌村博物馆。

《症治要言》（二卷）

佚名，清代刻本。本书仿《伤寒论》体例，分十二经记述疾病

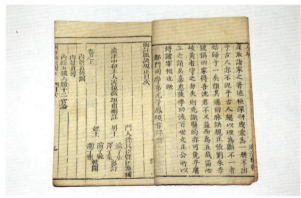

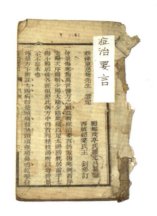

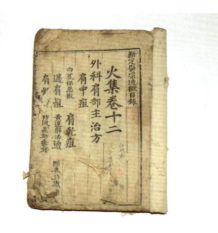

症治。各经症治先论脉络，次论病情，后论方药，辨明寒热虚实，再列古今治验、方药及其加减。所列方剂注明出处，但大多录自《伤寒论》，便于溯源，对症用方。此书为《脏腑图说症治要言合璧》(又名《中西医粹》)的一部分，后收入《中外医书八种合刻》中。该书现收藏于巴州区图书馆。

《新定医宗透微目录》(火集卷十二)

作者不详，清代刻本。本书把《内经》有关病机理论与运气学

《血证论》

说联系起来，结合运气学说阐发病机十九条。将病机十九条的内容
分属五运主病和六气主病，增补"诸涩枯涸，干劲皱揭，皆属于燥"
这一燥病病机，使《内经》的六气病机臻于完善。此书还发展了亢
害承制理论，提出六气化火及玄府气液诸说。该书现收藏于巴州区
界牌村博物馆。

《血证论》

四川彭县唐宗海著，清光绪十年（1884）木刻本。我国第一部
（早期）有关血症治疗的专著。阐述气血关系、血症的病机及其疗法，
共八卷。卷一为血症总论；卷二至卷六对血上干、血外渗、血下泄、

血中瘀证及失血兼见诸症的一百七十余种血症的辨证治疗作了较详细的探讨；个中有不少新见解，能给人以启迪。卷七至卷八为方论，共收二百余方。该书现收藏于巴州区界牌村博物馆。

《遂生福幼合编》

江苏常州庄一夔著，清光绪壬辰年（1892）平溪县悠久亨号刻本。又名《庄氏慈幼二书》《保赤联珠》《传家至宝》《千金至宝》。丛书包括《遂生编》和《福幼编》，是庄氏两种儿科著作合刊本。分别论述痘症和小儿慢惊风的治疗，有一定临床参考价值。该书现收藏于巴州区界牌村博物馆。

《遂生福幼合编》

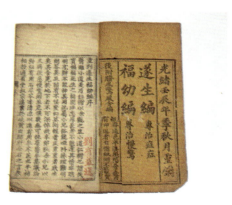

《小儿推拿》

江西金溪龚廷贤著，清代文林堂石刻本。明代著名医家龚廷贤的儿科专著，是现存小儿推拿较早、较完善之作。后世小儿推拿专著，多以此为蓝本，分三卷，卷一重点论述多种小儿常见病的病因、病机、诊断，以及小儿推拿手法和推拿穴位；卷二以歌诀形式为体例，介绍小儿常见病的推拿治疗方法以及小儿危重病症内症候与预后，对后学颇有启迪作用；卷三为小儿常见病实用方。该书现收藏于巴州区界牌村博物馆。

《小儿推拿》

龙林云、姚国祯著，清代文林堂刻本。《小儿推拿》融汇了明崇

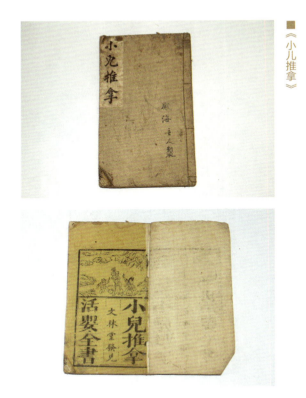

《小儿推拿》

祯十三年（1640）龚廷贤撰的《小儿推拿密旨》，由龙林云口述，姚国祯补辑。书中论述了小儿常见病的症治，包括病因、诊法、推拿手法、穴位及图。并以歌诀形式总结了小儿常见病的方药治疗，附方五十余首。是中国较早的儿科推拿专著，反映了明清按摩术的发展。该书现收藏于通江县向勇家。

《广意推拿》

熊应雄、熊应英辑，清光绪十四年（1888）刻本。《广意推拿》撷取明代小儿推拿之精华而又有所发展，是清代第一部小儿推拿专著，影响颇大，论述推拿在小儿惊风治疗中的作用。本书除专设惊风一门

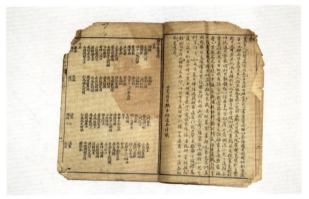

外，还设诸热、伤寒、呕吐、泄泻、腹痛、痢疾、疟疾、积症、痞症、痫症、咳嗽、肿胀、目疾、杂症诸门，扩大了小儿推拿的治疗范围，把小儿推拿的辨证施治进一步深化。本书重视药物运用，所录之方药，除用于内服外，更有吹喉、擦牙、敷脐、贴足心、涂搽、热熨等多种外治法。该书现收藏于通江县向勇家。

《幼幼集成》

广州惠州陈复正著，清代刻本。儿科专著。共六卷。卷一论述儿科中关于指纹、脉法及保产、调护、变蒸等内容。卷二至卷四为儿科主要疾病及杂症、疮疡的辨证施治。卷五、卷六介绍经陈氏增删的《万氏痘麻》，歌赋一百七十余首，附方一百三十余首。本书医论简明，方治详备。除收集了前代儿科文献、民间医疗经验外，并结合作者多年临床实践，因此叫"集成"。该书现收藏于巴州区界牌村博物馆。

《看病妙诀》

作者不详，清代手抄本。脱胎于清代名医王锡鑫的《看病歌诀》、青云堂记的《看病要诀》，作者同时结合了当地的一些病理情况，详细记载各类病症辩解，是不可多得的中医古籍。该书现收藏于通江县向勇家。

《幼幼集成》

《看病妙诀》

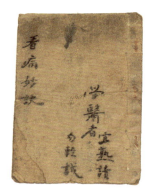

《仲景伤寒论》

作者不详，清代刻本。《仲景伤寒论》是《伤寒论》注释性著作的民间秘本，详细解说了伤寒治病的表里、虚实、真假、内外关键地方，犹如一幅精准的导航图，为医者指引着前进的方向。它不仅探讨了伤寒的病理生理，还对承气汤有八禁等用药禁忌做了深入探讨，同时对各种寒热虚实表里阴阳病症进行了辨证分析，充分展现了中医的博大精深和临床智慧。无论是对于初学者还是资深医者，都有着很高的参考价值。该书现收藏于通江县向勇家。

《仲景伤寒论》

《管窥辑要》

安徽六安黄鼎著，顺治十二年（1655）刻本。也叫《天文大成管窥辑要》，天文占星古籍。全书共八十卷，其内容以古今天文占候分门编录，汇集了诸多天文历算、气象地质、祥异占卜方面的古籍，并附大量相关版画插图。该书现收藏于南江县图书馆。

《大乘妙法莲花经》

作者不详，清代刻本。《大乘妙法莲华经》主要内容是宣说大乘

《管窥辑要》

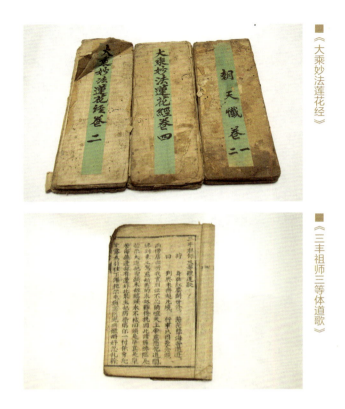

《大乘妙法莲花经》

《三丰祖师三等体道歌》

佛教的理想和教义，是大乘佛教的重要经典之一。讲述了佛陀在灵鹫山为诸菩萨、声闻众及诸天等说法，重点讲述观世音菩萨普门示现，以及读诵、供养、听闻、受持此经的功德利益。此外，该经还阐述了如来所得之真实解脱处、涅槃界与生死间、常不休止的佛事活动等重要教义。总之，《大乘妙法莲华经》是一部关于大乘佛教思想和信仰的重要经典，对于了解和研究中国佛教的发展和传承具有一定意义。第二、三、四、六、七卷附朝天忏卷。该书现收藏于通江县向勇家。

《三丰祖师三等体道歌》

作者不详，清代刻本。《三丰祖师三等体道歌》阐述了修行的意义和方法。文中讲述了武当派开山祖师张三丰真人对于道与修行的观点，是宝贵的修道经典。该书现收藏于通江县向勇家。

《象吉备要通书》

清代潭阳魏鉴著，清代刻本。《象吉备要通书》是一部关于卜和命理的经典典籍，它内容丰富、深奥，是古代命理学研究的重要参考资料，被广泛地运用于卜筮、命理、医学等多个领域，甚至对于日常生活中的健康管理和决策也有一定的参考价值。它的传承和发扬，能够充实我们的文化遗产，促进我们的学术进步，给我们的生活带来更多的启示和指引。本书为复刻本。现收藏于通江县向勇家。

《象吉备要通书》

《推背图》

唐代李淳风、袁天罡著，刊印时间不详。本书根据第六十象（最后一卦）中的颂曰"万万千千说不尽，不如推背去归休"而得名。以《周易》六十四卦名称排列象序，按天干地支相配，依甲子、乙丑之顺序循环一周，共有六十象，每象以干支为序号，主要包含一个卦象、一幅图像、谶语和"颂曰"律诗一首，共四部分，预言唐朝及其以后朝代兴亡治乱之事。该书现收藏于通江县档案馆。

《孔圣枕中记》

作者不详，光绪三十年（1904）宏源堂藏版。该书又名《枕中

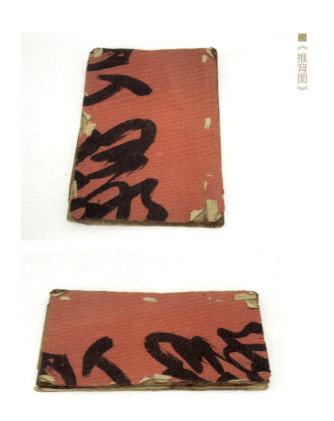

■《推背图》

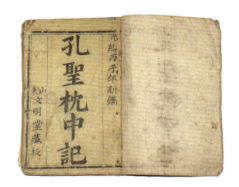

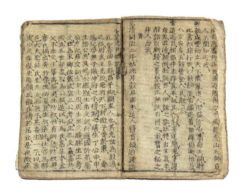

记》，是一本托名孔子所著的预测未来的著作。全书以六十年一甲子为系列逐年进行预测。全书内容共分为六个部分：其一为序；其二为孔圣枕中秘记真本，即孔老问答；其三为上元六十甲子岁占，即附子贡注；其四为诗赞，即小结；其五为田家禁忌，主要是戊忌；其六为天干地支知识，包括干支名号、十二支象物、十二支叶律、十二支象卦。该书现收藏于巴州区界牌村侯维周家。

《时务续富国策》

江西瑞金陈炽著，清代刻本。《续富国策》是延续西方经济学著作《富国策》而写，并根据当时的国情进行论述。书中包含四卷：

农书——提出兴修水利，发展畜牧业以及渔业等生产；矿书——提到要振兴矿产，并且针对货币铸造提出个人主张；工书——论述了机械生产的意义，希望把制造业作为经济复苏的关键；商书——意在保护民族式商业、制定商律等。《续富国策》深度论证当时的环境，并探索中国经济发展的可能性，为后人改革起到了一定的作用。该书现收藏于巴州区图书馆。

《三元记》

岳宋清著，清代刻本。明代昆曲集。剧情是：秀才商霖与秦雪梅订婚，商霖不幸未婚先亡。在秦父前往吊丧时，雪梅坚持尽孝节。

■ 《时务续富国策》

在吊孝时，雪梅见商霖父母年迈，而霖妻已身怀六甲，便决定到商家守节尽孝，以尽媳妇之责。后霖妻生子商辂，雪梅课子读书，最后商辂乡试、会试、殿试蝉联第一，连中三元。皇帝旌表雪梅，商辂衣锦还乡，全家团圆。该书现收藏于南江县图书馆。

《三元记》

第四节　集　部

《贾长沙集》

河南洛阳贾谊著，清代刻本。贾谊（前 200—前 168），西汉政治家、文学家。本书是贾谊文集，共五十篇，辞赋以《吊屈原赋》《鹏鸟赋》最为知名。集中所存散文皆为政论文，其中《过秦论》是专题性政论文，其他六篇是针对各种具体问题而发的疏牍文。其文说理透辟，逻辑严密，气势磅礴，词句铿锵有力，对后代散文影响

《贾长沙集》

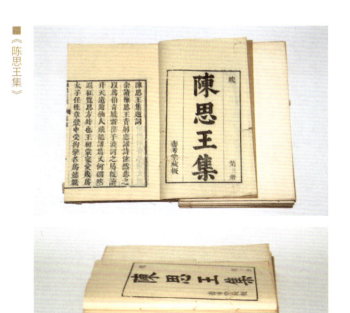

很大。该书现收藏于南江县图书馆。

《陈思王集》

　　安徽亳州曹植著，清代刻本。曹植（192—232），三国时期文学家，诗人、音乐家。本书为其文集，计赋四十四篇、诗七十四篇、杂文九十二篇。其诗以五言为主，形成了"骨气奇高，辞采华茂"的独特诗风，全面代表了建安时代诗歌创作的成就，对后世文学尤其是五言诗的发展影响甚大。赋和散文则取材广泛，形制短小，感情强烈，语言华美流畅，具有"情兼雅怨，体被文质"的特色。该书现收藏于南江县图书馆。

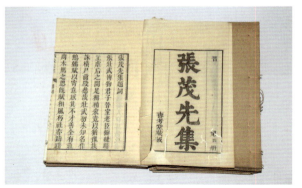

《张茂先集》

《张茂先集》

　　河北固安张华著，清代刻本。张华（232—300），西晋时期政治家、文学家、藏书家，西汉留侯张良的十六世孙。本书是诗文别集，共一卷，存赋八篇，表、议、诔、箴、乐歌等散文杂著五十余篇，诗三十余首。诗歌中，《情诗》五首和乐府诗的成就最高。其他大部分诗作，往往内容空泛，喜用铺排对偶，堆砌典故辞藻，不免显得繁缛乏味。文以《鹪鹩赋》《女史箴》较著名。篇制短小，妙用比兴，寓意遥深。该书现收藏于南江县图书馆。

《陶集》（七卷）

　　江西九江陶渊明著，清同治二年（1863）何氏笃庆堂刻本。陶渊明（约365—427），东晋末至南朝宋初期杰出的诗人、辞赋家。《陶集》（七卷）即《陶渊明文集》，为梁昭明太子萧统遍搜陶渊明遗世诗文编辑而成，并为之作《陶渊明传》《陶渊明集序》，冠于集首。本书收录诗一百二十余首，凡四卷；传记、辞赋、疏赞和祭文十二篇，凡三卷。陶渊明少有大济苍生之壮志，博学，文采出众，诗歌成就突出，内容丰富。该书现收藏于南江县图书馆。

《高令公集》

河北景县高允著，清代刻本。高允（390—487），北魏人，好文学，博通经史、天文、算术，官至中书令，高宗敬之，称"令公"，

《陶集》（七卷）

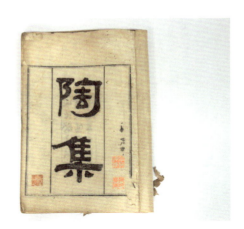

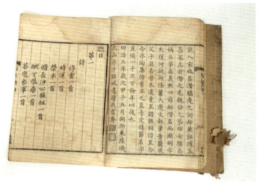

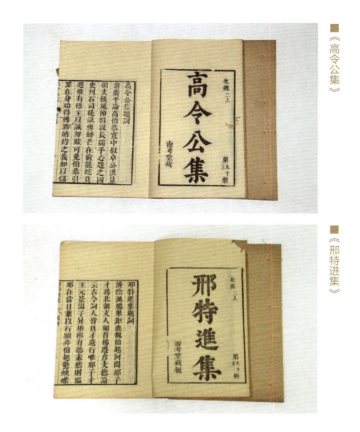

是北朝文学先驱。本书为诗文别集，收录赋一篇、杂文十一篇、诗四题二十三首。其文章颇有古气，《鹿苑赋》稍有文采。诗则淳朴，四言诗以教化说教为主，能看出模仿乐府诗的痕迹。该书现收藏于南江县图书馆。

《邢特进集》

河北任丘邢邵著，清代刻本。邢邵（500—561），北魏至北齐时无神论者、文学家，位授特进。本书为诗文别集，收赋、诏、表、奏、书、序、议、颂、铭、碑、谥议、哀策文、墓志等近三十篇，乐府和诗近十首。诗以五言为主，《冬夜酬魏少傅直史馆》《七夕》等

有名，深受南梁诗风影响。文中强调"人死则神灭"，是北齐反佛教
先锋。该书现收藏于南江县图书馆。

《竟陵王集》

江苏常州萧子良著，清代刻本。诗文集。萧子良（460—494），
南朝齐宗室大臣、文学家，齐高帝萧道成之孙。喜爱文学，好交结
儒士，"所著内外文笔数十卷，虽无文采，多是劝诫"，文学成就不
高。但文集中强调音韵的重要性，使诗人具有了掌握和运用声律的
自觉意识，对于增加诗歌艺术形式的美感、增强诗歌的艺术效果是
有积极意义的。今集为明张溥辑刊。该书现收藏于南江县图书馆。

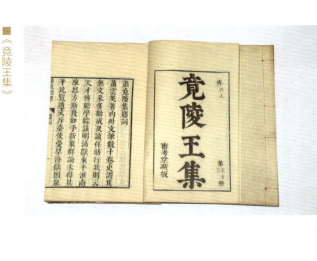

《竟陵王集》

《梁武帝集》

江苏丹阳萧衍著，清代刻本。萧衍（464—549），南朝梁武帝。其诗文以鼓吹儒佛思想、宣扬豪华生活者居多，唯有一些仿拟乐府民歌之作，如《子夜四时歌》《河中之水歌》《东飞伯劳歌》等，清新活泼，可算是帝王贵族中出色的作品。他的诏令文字，写得也颇有文采。该书现收藏于南江县图书馆。

《文选》（六十卷）

南朝江苏常州萧统编著，清光绪元年（1875）尊经书院重刻。萧统（501—531），南朝梁宗室、文学家，梁武帝萧衍长子。《文选》

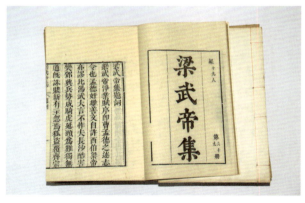

■《梁武帝集》

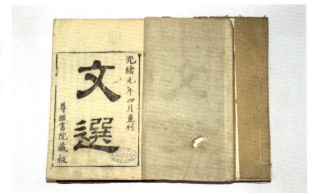

又称《昭明文选》，中国现存最早的诗文总集，共选先秦至梁诗文辞赋七百余篇，分成赋、诗、表、启、赞、论、碑文、墓志、行状、祭文等三十九类，每类文体以赋冠首，又分成许多子目，如诗类又分成公宴、游览、咏怀、赠答、行旅、乐府等。本书为光绪元年重新刊刻版本，选用唐代李善注和吕延济等"五臣注"版。该书现收藏于南江县图书馆。

《文心雕龙》（十卷）

山东日照刘勰著，嘉庆三年（1798）成都励志勉学讲舍重刻。刘勰（约465—?），南朝梁时期大臣，文学理论家、文学批评家。此书是中国文学理论批评史上第一部有严密体系的、体大而虑周的文学理论专著。全书共十卷，五十篇（原分上、下部，各二十五篇），以孔子美学思想为基础，兼采道家，认为道是文学的本源、圣人是文人学习的楷模、"经书"是文章的典范，把作家创作个性的形成归结为才、气、学、习四个方面。该书现收藏于南江县图书馆。

《王司空集》

四川资阳王褒著，清代刻本。北朝周王褒诗文别集。王褒（约513—约576），南北朝时期北周诗人、文学家，官至小司空。凡收录文二十六篇，乐府诗十九篇，诗二十九题三十首。有如《关山

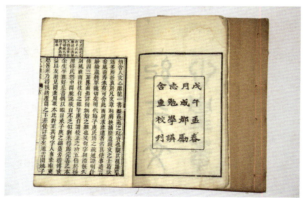

《文心雕龙》（十卷）

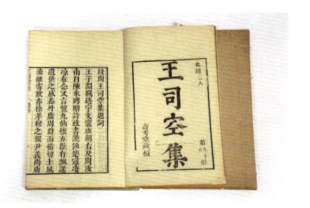

篇》《出塞》《入塞》《饮马长城窟》都具有北朝文学特点，其内容多
表现北方民族的尚武精神。其《燕歌行》则是南北文学合流的产物，
豪迈委婉兼而有之，语言生动，风格雄健。该书现收藏于南江县图
书馆。

《陈后主集》

浙江长兴陈叔宝著，清代刻本。陈叔宝（553—604），南北朝
时期陈朝最后一位皇帝。本书为陈叔宝文集，为明人辑本，共有
九十九首诗词，代表作有《玉树后庭花》《三妇艳词十一首》《采桑》
等。宫体诗占了很大一部分，格律严格，多以女性为描述对象，在

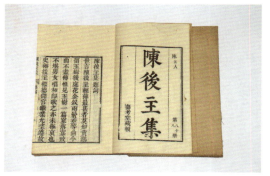

《陈后主集》

《隋炀帝集》

艺术性上呈现出明艳绮靡、阴柔缠绵的特点。该书现收藏于南江县
图书馆。

《隋炀帝集》

　　杨广著，清代刻本。杨广（569—618），隋朝皇帝，在文学、音
乐、佛学等方面均有造诣。本书为诗文集，主要记载隋炀帝的言论

和政论。文辞博奥，诗文或雄浑高迈，或清新脱俗，一洗南朝的淫靡气象，开启了盛唐诗歌的大气阳刚之美。本书中的《江都宫乐歌》在形式上已十分接近七律，可谓七律之祖。该书现收藏于南江县图书馆。

《陈伯玉集》

四川南充陈子昂著，清代刻本。陈子昂所撰别集名。陈子昂（659—700），字伯玉，初唐文学家、诗人、诗文革新人物之一。其友人卢藏用为之编次遗文十卷，已不传。今存本以明杨春重编本《陈伯玉文集》为较早，此本虽依旧本作十卷，但颇有遗逸。凡赋、诗二卷，文八卷。子昂诗文骨气端翔，音情顿挫，于唐初首倡高雅冲淡之音，然其才韵犹有未充。该书现收藏于巴州区图书馆。

《陈伯玉集》

《陈子昂诗文全集》

四川南充陈子昂著，咸丰四年（1854）刻本。子昂诗文骨气端翔，音情顿挫，于唐初首倡高雅冲淡之音。该书现收藏于巴州区图书馆。

《王临川全集》

江西抚州王安石著，清光绪九年（1883）崇文书局刻本。王安石诗文集。前两册为目录，内容依次有：元托克撰宋史本末，绍兴重刊临川文集叙，临川王文公集序，临川文集序，临川文集后序，王安石全集目录上下。其中目录上下共一百卷，包括古诗十三卷、律诗二十三卷、挽诗一卷、集句歌曲二卷、四言诗古赋乐章铭谵一卷、书疏一卷、秦状一卷、札子四卷、内制四卷、外置四卷、表六卷、议论九卷、杂著一卷、书七卷、启三卷、记二卷、序二卷、祭文哀辞二卷、神道碑三卷、形状墓表一卷、墓志十卷。该书现收藏于巴州区图书馆。

《嘉祐集》

四川眉山苏洵著，清道光壬辰年（1832）刻本。《嘉祐集》是北

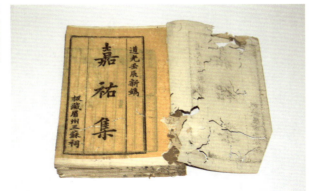

《嘉祐集》

宋时期苏洵的散文作品。清道光年间，眉州刻本《三苏全集》二十卷。又影印宋钞本十五卷，凡文十四卷、诗一卷。近人罗振常辑《经进三苏文集事略》中的《老泉先生文集》为十二卷，有宋郎晔注，并附考异一卷、补遗二卷。该书现收藏于巴州区图书馆。

《栾城初集》

四川眉山苏辙著，清道光壬辰年（1832）刻本。诗文别集。早在宋代就有多种版本，并以有无《应诏集》和章疏有无删削为标志，区分出两个系统。曾枣庄、马德富以明清梦轩本为底本，以其他各本参校，收集了苏辙《诗集卷》二十一卷、《春秋集解》十二卷。该

《栾城初集》

书现收藏于巴州区图书馆。

《栾城后集》

四川眉山苏辙著，清道光壬辰年（1832）刻本。诗文别集。早在宋代就有多种版本，并以有无《应诏集》和章疏有无删削为标志，区分出两个系统。曾枣庄、马德富以明清梦轩本为底本，以其他各本参校，收辑了苏辙佚诗、佚词、佚文共七十四篇。该书现收藏于巴州区图书馆。

《斜川集》

四川眉山苏过著，清代刻本。共六卷，凡诗三卷、文三卷，又
附录二卷，收本传遗事等，订误一卷。苏过，北宋人，苏轼之子，号
斜川居士，因以名集。其集《宋史·本传》作二十卷，《宋史·艺文
志》《直斋书录解题》《通考》皆作十卷。该书现收藏于巴州区图书馆。

《剑南诗钞》

浙江绍兴陆游撰，清代刻本。陆游是北宋著名的爱国文学家，
一生笔耕不辍，其文章法度谨实、文采四溢，无论是史学、杂记

《斜川集》

《剑南诗钞》

还是行记、书启等，都甚为擅长。本编文献收录陆游著作各版本二十八种，汇编成书，以四部分类与刊行年代编次，宋、明、清、民国乃至海外版本都有选录。分六十六册，本册为第十二册，记录其五言诗。该书现收藏于巴州区图书馆。

《剑南诗钞》

　　浙江绍兴陆游著，清光绪己卯年（1879）刻本。陆游诗文汇编。作者以《剑南诗稿》为据，编选成此书。内收陆游五言古诗、七言古诗、五言律诗、七言律诗、五言绝句、七言绝句共计二千余首，是陆游诗歌的重要选本。此选本中有大量陆游于成都留居时所作之诗，悲壮奔放，诗歌语言明白如话。该书现收藏于南江县图书馆。

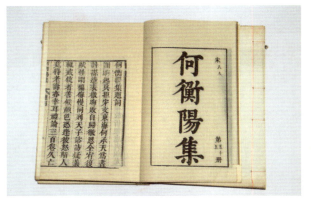

《何衡阳集》

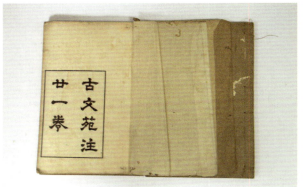

《古文苑注》（廿一卷）

《何衡阳集》

山东郯城何承天著，清代刻本。何承天（370—447），南宋思想家、天文学家，曾任衡阳内史，世称"何衡阳"。本书为何承天编著的诗文别集，收录赋一篇、杂文三十篇、乐府诗十五篇，作者在书中反对佛教的因果报应说，从自然科学常识的角度指出"报应"违反事实，"来世"没有根据，"无欲"是虚伪的。该书现收藏于南江县图书馆。

《古文苑注》（廿一卷）

浙江临安章樵注，清代刻本。《古文苑》是古诗文总集，编者不

详。南宋章樵在原著基础上增订，并为注释，重分为二十一卷，得名《古文苑注》。本书录周代至南朝齐代诗文二百六十余篇，分为二十类。作者关注各种古代文学作品的历史渊源及其文学特征，注释写得非常细致，包括各种有关古代文学的知识，不失为优秀的普及类读物。该书现收藏于南江县图书馆。

《元遗山诗集》（二十卷）

山西忻州元好问著，清宣统庚戌年（1910）山明周氏仿汲古阁本。金人元好问创作的诗集，录其诗作一千三百余首。诗词风格沉郁，并多伤时感事之作。其诗歌中既有少年得志的忧国忧民，又大

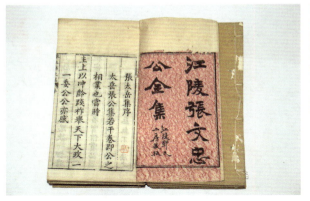

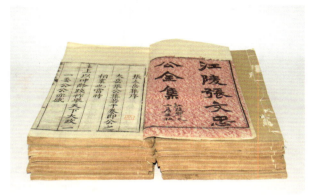

量反映了下层百姓乃至上层统治阶级各方面的生活现实。在金亡之后，作品倾向于抒亡国之恨，又收入大量写景状物、感人入微的山水诗以及唱和应酬之作。该书现收藏于南江县图书馆。

《江陵张文忠公全集》

湖北江陵张居正著，清光绪二十七年（1901）湖北红藤碧树山馆刻本。又名《张太岳集》，诗文集。共四十七卷。集中大量篇章反映张居正入阁前后的治国思想，认为当时社会有"血气壅瘀之病一，而臃肿痿痹之病五"，而后五种病之根源在于前一种病，因而治病要治根本。还有一些篇章反映了张居正对当时学术思潮的态度，比如反对那些脱离实际、空谈性理的"腐儒"。该书现收藏于南江县图书馆。

《日知录》

　　江苏昆山顾炎武著，清代光绪八年（1882）锦江书院刻本。该书是通过经年累月、积金琢玉撰成的大型学术札记，是顾炎武"稽古有得，随时札记，久而类次成书"的著作。它以明道、救世为宗旨，囊括了作者全部学术、政治思想，遍布经世、警世内涵，内容大体划为八类，即经义、史学、官方、吏治、财赋、典礼、舆地、艺文。该书现收藏于巴州区图书馆。

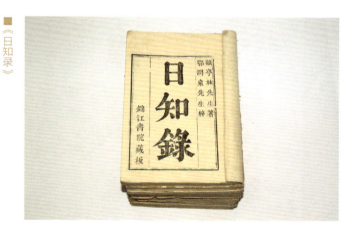

《日知录》

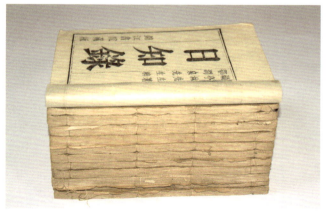

《日知录之余》

　　江苏昆山顾炎武著，清代光绪八年（1882）锦江书院刻本。本书是在顾炎武去世后，他人将《日知录》中没有收录的稿件重新整理编辑成四卷后，刊刻发行。内容涉及书法、历代禁止之事、徙民、国史律令等方面，虽然大部分摘录自史书，但见地广博高妙，体现了顾炎武经世致用之思想，是研究顾炎武的不可或缺的重要史料。该书现收藏于巴州区图书馆。

《菰中随笔》

　　江苏昆山顾炎武撰，清代锦江书院藏本。记载顾炎武读书所得、常言俗谚、师生问答之语四百余条，涉及历史地理、天文历法、风俗占卜、名物训诂、饮食养生、语言文字诸多方面。内含《亭林杂录》十四篇，主要是经史类和音韵方面的杂录，内容与《日知录》和《音学五书》有相似之处。《救文格论》一卷，所论皆为史书的"书法"，以古史笔削之道为准，纠正后世史书的不合规范之处。《惧谋录》是一部辑录《资治通鉴》经典"战例"、分类编纂而成的兵书。对战例的遴选、"六十六策"的设定以及解题、按语的撰写，反映了编撰者的军事思想。该书现收藏于巴州区图书馆。

《菰中随笔》

《孙批胡刻文选》

浙江慈溪孙月峰著,清光绪二十五年(1899)同文书局刻本。这里的"胡刻",胡指胡克家,清代著名的刻书家、学者,文选指《昭明文选》,胡氏所刻之书在当时就是精本、善本(高官刻书,因其能利用手中的行政资源保障足够的人力与物力以成其事,故其所刻多有精善之本)。五卷,胡克家撰《考异》一卷,置为"卷首"。明代人孙月峰在这一善本基础上,进行眉批。该书现收藏于巴州区图书馆。

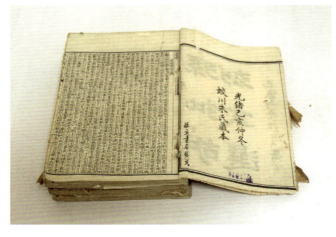

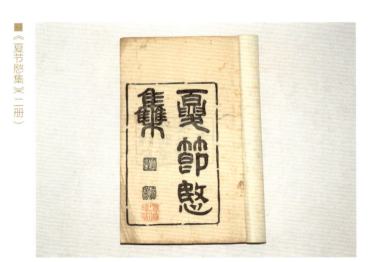

《夏节愍集》（二册）

明代上海松江夏完淳著，清光绪二十九年（1903）刻本。全书共十卷。包括诗、赋、词、曲、杂文等文体。集中描写军旅生活、追忆死难的师友、歌颂抗清殉国烈士、依恋故乡家园以及表达自己国难家仇未报、壮志难酬的诗篇，文情并茂，感人至深，思想性和艺术性颇高。该书现收藏于南江县图书馆。

《空同诗集》

甘肃庆城李梦阳著，清光绪十五年（1889）渭南严氏私塾刻本。

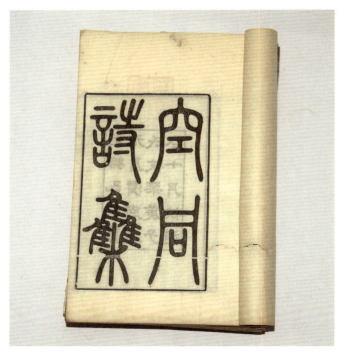

明代著名文学领袖李梦阳所编撰的诗歌选集，共六册。收集了李梦阳平常所创作的诗，内容多样，有叙述日常生活、社会责任感、论性理等。每篇诗文后附校勘记、笺证、集评等。前言对李梦阳文学创作及理论加以述评，详细考述李梦阳集的编纂等情况。诗选后附有李梦阳相关生平传记资料、历代序跋与版本题跋记，乃至书信及唱和酬答诗作。该书现收藏于南江县图书馆。

《壮悔堂全集》（四册）

河南商丘侯方域著，清康熙乙亥年（1695）刻本。侯方域，明末清初散文三大家之一。本书共十八卷，附年谱、墓志铭一卷。收录的散文成就最高。主要分为两类，一类为书信檄文，如《癸未去金陵日与阮光禄书》《与吴骏公书》《答田中丞书》《朋党论》《民方密之书》等，文风流畅通达，词严气盛，文笔犀利。另一类作品则轻松细腻，多为人物传记。如《李姬传》《马伶传》等，人物形象细腻传神，情节曲折生动，结构谨严，具有短篇小说的特征。该书现收藏于南江县图书馆。

《壮悔堂全集》（四册）

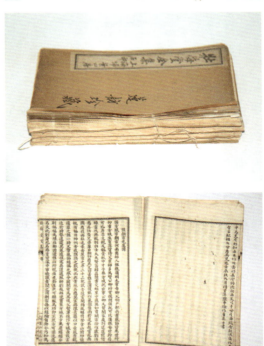

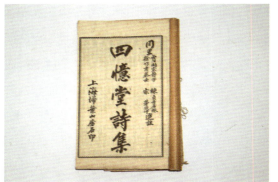

《四忆堂诗集》（六卷）

《四忆堂诗集》（六卷）

　　河南商丘侯方域著，宣统元年（1909）扫叶山房刻本。侯方域所著诗集，共六卷。其诗歌题材内容广泛，涉及当时社会生活的各方面，有对明末农民起义的反映，有对时政的评议指斥，以及对末世灾异现象的书写。从其诗歌中，可以观览明末清初的诸多政治事件，了解士大夫在朝代更迭时的心理变化与情感活动，更可以探究明末知识分子阶层的社会责任感和参与感。该书现收藏于南江县图书馆。

《重订唐诗合解笺注》

　　山东新城王阮亭原本、江苏吴县王翼云注，清代石刻本，时与楼藏版。该书是清初以来比较受欢迎的一本唐代诗歌选集，作者根据自己的喜好对唐诗进行选择并注释，选诗遵循"唯取格调平稳、词意悠长而又明白晓畅，皆人所时常诵习者"的原则，注重所选诗歌的大众接受性和意境美；注释条理清晰，文采飞扬，非常注重解释诗歌的背景和作者的心境，能够准确地揭示诗歌的主旨。该书现收藏于巴州区界牌村博物馆。

《批选八家诗注》

清代浙江桐乡吴之振著，清代刻本。本集选录清初八位诗人的诗歌，依次为宋琬《荔裳诗选》、曹尔堪《顾庵诗选》、施闰章《愚山诗

《重订唐诗合解笺注》

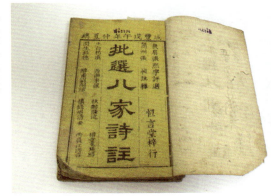

《批选八家诗注》

187

选》、沈荃《绎堂诗选》、王士禄《西樵诗选》、程可则《湟榛诗选》、王士禛《阮亭诗选》、陈廷敬《说岩诗选》。人各一集，集各一卷，凡八卷。编纂目的在于宣扬八家之诗，并有意使它成为一个固定的文学集团。该书现收藏于巴州区图书馆。

《白鹤堂诗文全集》

清初四川丹棱彭端淑、彭肇洙、彭遵泗著，清同治六年（1867）重刻。全书共十卷。是彭端淑与其弟彭肇洙、彭遵泗所著诗文别集，其中以彭端淑的诗文最多。作品激越奋进，深沉稳健，给人以鼓舞和教益。三兄弟诗中，对广大贫苦农民寄予了满腔的同情。如《夏镇》

《白鹤堂诗文全集》

《七月十六日》等作品。写景诗则很有情味。散文中最有名的《为学一首示子侄》曾收入小学语文课本。该书现收藏于南江县图书馆。

《郑板桥全集》（六卷）

　　江苏兴化郑燮著，宣统元年（1909）上海扫叶山房刻本。作品集。郑燮，字板桥，清代书画家、文学家，以"诗、书、画"三绝闻名于世，本书收录其诗、词、杂著、文、题画等作品。作者强调作品思想性和艺术性的完美统一，强调作品艺术的"美"、内容的"真"和命意的"善"三者兼备。"沉着痛快"的美学风格，在其作品中展露无遗。该书现收藏于南江县图书馆。

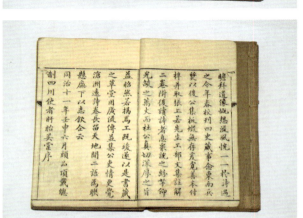

《杜诗镜铨》（二十卷）

江苏武进杨伦笺注，清同治十二年（1873）望三益斋刻本。杜甫诗注本。此编成书于乾隆五十六年（1791），系作者二十多年研读杜诗、采录旧说，"凡阅五寒暑"而纂成。以编年为次，录杜甫各体诗。各诗词语注释附于句下，章法字评，置于行间或栏楣之上，简评附诸诗末。作者广泛参阅自宋迄清各家注评，选择众家之长，结合自己心得，融会贯通。全书注评简明扼要，不穿凿附会，无烦琐之引证与考据，平正通达，简洁明快，便于初学者领会。附年谱、附录各一卷。该书现收藏于南江县图书馆。

《船山诗草》（二十卷）

四川遂宁张问陶著，清嘉庆乙亥年（1815）遂宁经文堂刻本。诗歌集，共四册。收录二千二百多首，前十六卷为张问陶四十岁以前所著，除少数感叹于个人的身世遭遇外，内容多为文酒嬉游。作者风流自赏，气盛才锐，笔力恣肆，异趣横生，虽内容上有所限制，但艺术水平较高。后四卷诗是他四十岁以后写的，反映现实生活的诗占主要成分，一改前十六卷的豪迈不羁，妙想联翩的才子气、浪漫气，代之以浓郁苍秀的风格，而且渐趋平淡。该书现收藏于南江县图书馆。

《船山诗草》（二十卷）

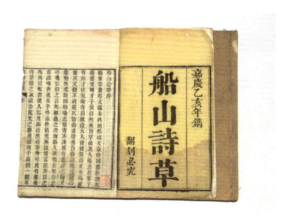

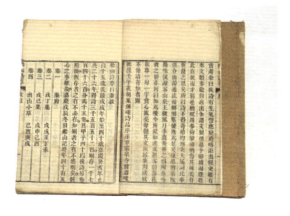

《唐宋诗醇·陆游》

清高宗弘历编，光绪己卯年（1879）文福堂刻本。《唐宋诗醇》是清代乾隆年间编辑的一部大型唐宋诗歌选集，根据乾隆皇帝御定，此书只入选了六位诗人，李白、杜甫、白居易、韩愈、苏轼、陆游。本书因充溢着由"御选"而产生的浓厚的封建说教气味从而长期不受学界关注，但确实是一部相当有特点的通代诗选，其编选宗旨和评注也颇见功底。陆游部分共六卷，入选五百六十一首。该书现收藏于巴州区图书馆。

《宋四六选》

清代江西南昌彭元瑞、安徽徽州曹振镛著，清代同治四年（1865）

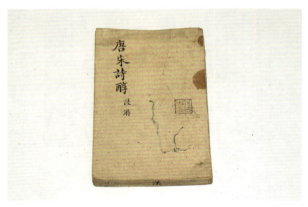

《唐宋诗醇·陆游》

■《宋四六选》

■《古文词略》（二十卷）

刻本。宋代骈文总集。共二十四卷。此书专门收集宋人骈文。共六
种文体，七百六十七篇。编者在跋语中说："至于赋乃有韵之文，诰、
檄、国书、露布，词科间有拟作，青词、表、本、疏、榜于义无取，
记、传、碑、序，传盖鲜矣，均不录。"在体例上，此书模仿《文苑
英华》《播芳大全》等类书，分门别类编排。未加注释，也没有作者
介绍，甚至没有引文出处，仅在篇名下署作者姓名或时间。该书现
收藏于巴州区图书馆。

《古文词略》（二十卷）

华易、文龙著，清光绪元年（1875）成都志古堂刻本。该书是

辑录的历代诗文选集。作为清代桐城派古文家姚鼐的门生。本书以姚鼐所辑《古文辞类纂》为蓝本，从中选出历代散文三百余篇，分二十卷；同时又以清初王士禛所辑《古诗选》为基础进行增删，选取元代以前的古诗若干首，分为四卷，缀于其后，统称《古文词略》。但该书体裁不伦不类，选择标准狭隘片面，实用价值不大。该书现收藏于南江县图书馆。

《东塾读书记》（二十一卷）

广东佛山陈澧撰，清代刻本。该书是清代岭南著名学者陈澧所著的读书笔记、学术著作。原作二十五卷，分论经、史、子及小学，但论史之卷未完成。陈氏生前仅刊行九卷。光绪年间由门人廖廷相刻成二十一卷，为通行本。该书整理汇编了陈氏几十年的读书心得，是其一生心力所得，内容广涉清代汉学、朱学之争，以及文字学、音韵学、地理学、历算乐律等，其论经，既以汉儒为宗又兼取宋儒之说，意在糅合二者。其论音韵，最为准确。该书现收藏于巴州区图书馆。

《郑氏诗谱考正》

清代江苏淮阳丁晏编，清代刻本。本书为订正欧阳修《诗谱补亡》之作，凡一卷。前有嘉庆庚辰（1820）丁晏《叙》，正文分列《周南召南谱》《邶鄘卫谱》《桧郑谱》《齐谱》《魏谱》《唐谱》《秦谱》《陈谱》《曹谱》《豳谱》《王谱》《小大雅谱》《周颂谱》《鲁颂谱》《商颂谱》。其中三颂谱后注曰"欧谱阙"，并云"丁晏补"，盖据《毛诗正义》录之。后又辑有《诗总谱》，谱文之后，为《诗谱图》，按时代世次排列

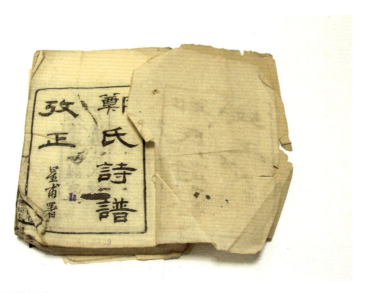

■《郑氏诗谱考正》

各诗，并间加按语，附于图后，低一字以别之。这些按语或考订欧阳修《诗谱补亡》之世系，或补充其脱漏之诗，或考证《诗谱》旧次。该书现收藏于巴州区图书馆。

《槐轩千家诗》

安徽安庆夏世钦著，清道光二十四年（1844）崇道堂刻本。《槐轩千家诗》是《槐轩解汤海若先生纂辑名家诗》的合订本。每页上栏是对《千家诗》正文的详细注释和评论。有一篇雍正十二年（1734）的序言。该书现收藏于通江县向勇家。

《汇纂诗法度针》

徐文弼著，清代刻本。为士子应考所编历代古近体诗选本，其

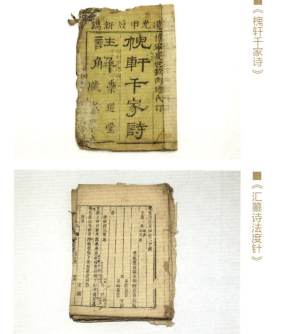

■《槐轩千家诗》

■《汇纂诗法度针》

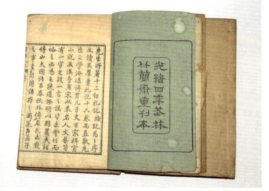

价值在于留下了清代著名诗人蒋士铨、著名经学家袁守定的序文，并保存有《全唐诗》未收录的诗人诗作二首，弥足珍贵。该书现收藏于巴州区图书馆。

《群书札记》（十六卷）

浙江上虞朱亦栋著，清光绪四年（1878）武林总简刻本。清代乾嘉时期的一部学术笔记。考辨古代典籍及其历史语言，涉及"五经"之外的典籍有《国语》《战国策》《史记》《管子》《荀子》《庄子》《淮南子》《汉书》《楚辞》《文选》《世说新语》《杜诗》《山海经》等数十种。或考证名物制度，或校正文字，或辨别前人考论得失，疏通

证明。其所作考释，精彩纷呈，多有影响至今的论断。该书现收藏
于南江县图书馆。

《蜀秀集》

广东广州谭宗濬选编，清光绪五年（1879）成都试院刻本。由
四川学政谭宗濬选编，尊经书院监院张选青校印的作品集，被称为
"十九世纪一部四川知识分子的学术著作和文学创作总集""研究近
世蜀学的一部重要文献"，文章系从四川全省学校和书院生员的上千
篇作品中选，其中尊经书院诸生被选达三十二人，作品数量占一半
以上。全书共九卷，卷一至卷三为经学小学，卷四为史，卷五为文，

《蜀秀集》

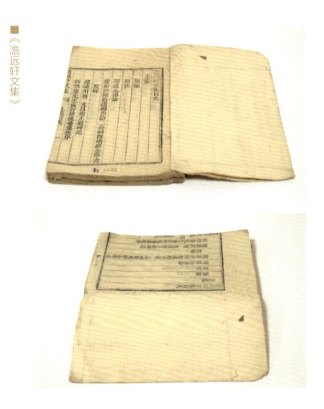

卷六至卷七为赋，卷八至卷九为诗。该书现收藏于南江县图书馆。

《澹远轩文集》

四川射洪赵燮元撰，清代刻本。清代赵燮元作品集，将许慎的《说文解字》当作第一章，题为《志文字原始第一》《说文解字》以下，他论及了魏晋间李登的《声类》、沈约的《四声》、陆法言的《切韵》，以至司马光的《集韵》等。该书现收藏于巴州区图书馆。

《三苏全集》

清代河南郑州弓翊清编。清道光十二年（1832）刻本。此书为三苏别集的合刊本，收三苏文集六种，计苏洵《嘉祐集》二十卷，

苏轼《东坡全集》八十四卷，苏辙《栾城初集》四十八卷、《栾城后集》二十四卷、《栾城三集》十卷、《栾城应诏》十二卷。该书现收藏于巴州区图书馆。

《拙尊园丛稿》（六卷）

贵州遵义黎庶昌著，清光绪十九年（1893）上海醉六堂石刻本。黎氏自编文集，包括奏折、序跋、碑传、书牍、札记、游记等。其中《书朱军门克金陵城事》《禹门寺筑寨始末记》等为研究太平天国的史料。《曾太傅毅勇侯别传》叙曾国藩事迹颇详。《奉使伦敦记》《巴黎大赛会纪略》《访徐福墓记》等，为作者出使游记。奏折、书牍及新政诸书之序跋，则阐发其改革之主张。该书现收藏于南江县图书馆。

《愧庵遗集》

清代四川射洪杨甲仁著，清同治三年（1864）尊经书局刻本。此书是他一生儒学学问的汇集，对于心学修证，不仅是自修自得并做深入阐发，还系统梳理了心学、儒学发展史，研究并深层领悟了历代大家的学问，以及横向探讨了儒佛道三家与心学的深层关系。该书现收藏于巴州区图书馆。

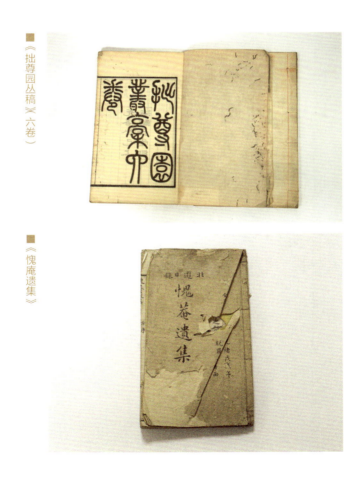

《拙尊园丛稿》（六卷）

《愧庵遗集》

《愧庵·自验录》

清代四川射洪杨甲仁著，清同治三年（1864）尊经书局刻本。此书为《愧庵遗集》一部分，作者认为儒家性命之学应该向女性开放，深信在生命意义的追求上男女无别，而且公开支持年长妇女参与公共场所中的讲学活动，与师友共同参证性命之渊源。该书现收藏于巴州区图书馆。

《曾文正公全集》

湖南湘乡曾国藩著，清代刻本。本书汇辑了晚清名臣曾国藩的奏稿、十八家诗钞、经史百家杂钞、经史百家简编、鸣原堂论文、

《愧庵·自验录》

《曾文正公全集》

《经史百家杂钞》（二十五卷）

诗集、文集、书札、批牍、杂著、求阙斋读书录、求阙斋日记类钞、年谱、传记、墓志铭等。本书全面反映了曾国藩修身、齐家、治国、平天下的思想和实践。该书现收藏于巴州区图书馆。

《经史百家杂钞》（二十五卷）

湖南湘乡曾国藩著，清光绪二十二年（1896）上海商务线装书馆刻本。该书是由曾国藩编纂的一部古文精粹文集。全书分论著、词赋、序跋、诏令、奏议、书牍、哀祭、传志、叙记、典志、杂记十一类，共二十六卷。选文涉及经、史、子三类，多为具有代表性的作品，选择精当，内容丰富，范围广泛，是清末至今，在社会上

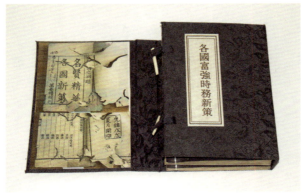

流传很广、影响较大的一部古文选本名著。该书现收藏于南江县图书馆。

《各国富强时务新策》

　　河北沧州张之洞辑，清光绪二十四年（1898）刻本。本书介绍了工业革命以来，英、法、美、日四国实施变法的经过和对应的措施，对当时清末新政有很强的指导作用。该书现收藏于巴州区图书馆。

《槃湖文集》

　　湖南马陵吴敏树著，清光绪十九年（1893）刻本。该书也名《柈湖文集》，共四册，作者吴敏树与曾国藩齐名，为湘乡派文学领袖。文集收录的文章大多分为三类：传志杂记之文，多记社会下层人与事，在其琐琐细细的记叙中，可窥知读书人的生命关切与生活情致；序跋书牍之文，多记作者的友朋交往、学术旨趣及文人情怀；性道论说类文，则强调遵从天命、守住本分的价值观和人生态度。该书现收藏于南江县图书馆。

《蓉村诗稿》

四川射洪夏肇庸撰，清代刻本。诗歌集。作者夏肇庸是同治七年（1868）进士，不满于元诗的绮弱，明诗的复古和轻浅、狭窄，

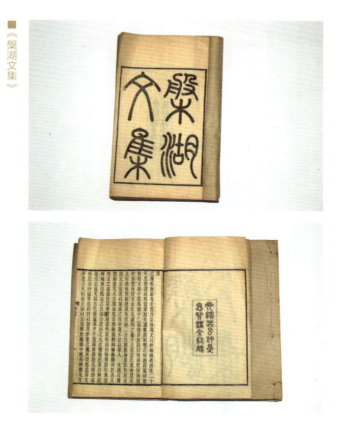

《槃湖文集》

在技巧上兼学唐宋诗的长处，不断追求创新，并在不同程度上反映了当时的现实，风格多样。该书现收藏于巴州区图书馆。

《澡雪堂文钞》

清代四川射洪钟体志著，清光绪甲午年（1894）尊经书院刻本。全书共十卷。集中如《天人约说》《瑞金县学记》《罗豫章集跋》《复吴纯斋论学书》，言言皆从心坎中流出，是道德之文。《司马温公集序》《历代名臣奏议序》《重修双清桥记》《紫桑佣录》，均透辟有理，是为经济之文。此外，如《诵芬亭碑记》《高曾两世节孝行述》《游疏山

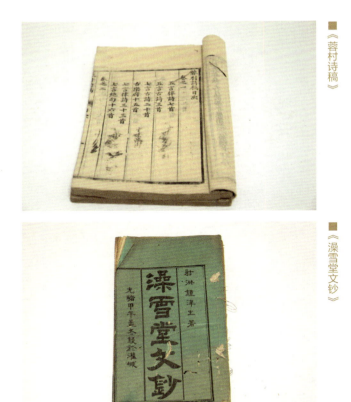

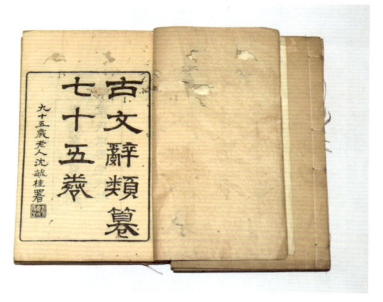

■《古文辞类纂》(七十五卷)

记》诸篇，烛微阐幽，均足以维系世教、阐明物理。文章言理则精深微至，论事则剀切详明，及出而作宰，发抒其素所蕴蓄，自与风尘俗吏、徒饰虚事、行不逮言者有别。卷六至卷十，所列为祷雨告祭诸文，及与人书札、告示公牍等。该书现收藏于巴州区图书馆。

《古文辞类纂》(七十五卷)

江苏吴县沈毓桂注，清光绪二十七年（1901）滁州李氏术要堂刻本。总集名。按文体分论辨、序跋、奏议、书说、赠序、诏令、传状、碑志、杂记、箴铭、颂赞、辞赋、哀祭十三类，选录战国至清代的古文辞赋七百七十四篇。所选作品以唐宋八大家为主，亦选录战国、秦汉及明清的作品。卷首序目略述各类文体特点及源流。是代表桐城派散文观点的选本，为道光时吴启昌、光绪时李承渊重刻的姚氏晚年定本。该书现收藏于南江县图书馆。

《五朝文铎》

四川叙州李映堂著，清光绪十七年（1891）毅贻堂刻本。清朝末年改创学制中"读古诗歌"的科目教科书，全书共八册，专选唐、宋、元、明、清有关伦教之诗，亦以君臣、父子、兄弟、夫妇、师友等伦类为序，体裁以乐府为主，辅以五言、七言古诗，承载着教化功能。该书现收藏于南江县图书馆。

《北山楼集》

安徽庐江县吴保初著，清代刻本。诗文别集。吴保初（1869—1913），清代将领吴长庆之子，以门荫补刑部侍郎，身为名公子而锐

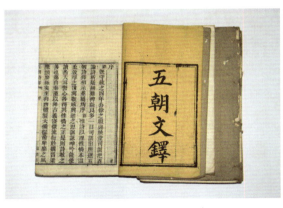

《五朝文铎》

意革新，工古诗文，与湖南浏阳谭嗣同、江西义宁陈三立、广东丰顺丁惠康号称"清末四公子"。其诗文发时代心声，受到时人推重。以庐江故家有北山楼，故名其集为《北山楼集》。此集包括诗、词、文三部分，以诗的篇幅为最多，书后附录四项：序跋、传志、题赠、杂评。该书现收藏于巴州区图书馆。

《赋话》

四川德阳李调元撰，清光绪七年（1881）刻本。一名《雨村赋话》。赋评论集。共十卷。为李调元视学广东时指导诸生习赋而作。分《新话》六卷、《旧话》四卷。《新话》为撰者自著，重在采摘自

《北山楼集》

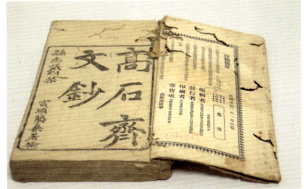

汉、魏至明代赋作中的"佳语"，对体制技巧略加评点，"以教之使知法"。《旧话》则为撰者从正、野史书中摘录赋人作赋逸事，间附按语。书中论赋以扬雄"诗人之赋丽以则"为宗旨，提倡"工丽密致而又不诡于大雅"的赋风。于各代赋作中偏重唐赋，于各种赋体中偏重于律赋，对赋的发展源流也有简要论述，不失为一部较重要的赋论著作。本书为李氏函海本。该书现收藏于巴州区图书馆。

《高石斋文钞》

四川射洪刘光谟撰，清光绪十年（1884）蜀南富顺县刻本。高石斋为刘光谟室名。《高石斋文钞》为其作品集，内容多是对历史、

《蜀樵诗钞》

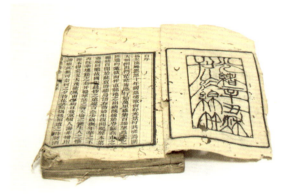

地理的考据研究，对研究富顺历史有很大帮助。该书现收藏于巴州区图书馆。

《蜀雅诗钞》

四川绵阳孙桐生编，清光绪辛丑年（1901）刻本。全书共六十四卷。收三百六十二家诗作五千九百余首。费时四十年，广搜博采而成，规模甚大，内容甚丰，凡蜀籍及居蜀之清代诗人名家均已收入，然由明入清之诗人，则一概不选。乾隆三十年（1765）前之作，均按《蜀雅》录入。此后之作，则为编者访求所得。该书现收藏于巴州区图书馆。

《诗韵集成》

余春亭著，清光绪壬寅年（1902）刻本。韵书，共六卷。为旧时初学作诗者检韵之简易工具书。此书依清代官韵《佩文诗韵》之一百零六韵，分类排列韵字，每字下辑集该韵字之习用诗歌语汇，并有简要注释。该书现收藏于巴州区界牌村博物馆。

*《巴中县清代文献稿》

四川巴中邱苔孙著，周集荣、赵元成 1985 年翻印。《巴中县清代文献稿》收录清代关于巴中县所有的文献资料，记录了张献忠、白莲

《诗韵集成》

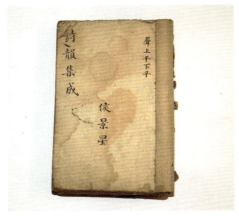

教等珍贵史料，是研究巴中历史地理不可缺少的资料。该书现收藏于巴州区档案馆。

*《冯鲁溪诗稿》

四川巴中冯鲁溪著，周集云、刘瑞、赵元成翻印，清光绪十三年（1887）初稿。冯鲁溪，恩阳举人，四川省图书馆有《冯鲁溪诗稿》一卷，系光绪十三年（1887）刊本，内题曰《镜月轩诗存》，有一百零三首，计古风二十七首、五绝十四首、七绝八首、五律三十一首、七律二十三首。该书现收藏于巴州区档案馆。

《巴中县清代文献稿》

《冯鲁溪诗稿》

*《龙山诗集手迹卷》

四川平昌张复旦著，张明清编，清代刻本。张复旦，清道光年间巴州名士，张必禄是其族叔。本书由张复旦直系后代张明清收集其手稿整理完成。其书法飘逸，所作诗歌真挚朴实，多是反映当地风貌。该书现收藏于平昌县何茂森家。

*《雪鸿堂集》

四川通江李蕃、李钟壁、李钟峨著，清代刻本，何茂森翻印。本书为李钟峨督学福建时，将其父李蕃文作品以"雪鸿堂"结集、

《龙山诗集手迹卷》

其兄李钟璧作品以"燕喜堂"结集，并附自撰"垂云亭"诗文集于后，共以《雪鸿堂集》刊印问世，后入选《四库全书》。在文学上，李蕃擅文，李钟璧擅长诗，李钟峨工于赋律，后世评价其三人有"眉山三苏"之风。该书现收藏于平昌县何茂森家。

《雪鸿堂集》

第二章　民国时期

第一节　政治经济

《管子》

　　管仲著，唐敬杲选注，民国二十二年（1933）商务印书馆出版。《管子》是记录春秋时期（前770—前476）齐国政治家、思想家管仲及管仲学派的言行事迹，以黄老道家为主，既提出以法治国的具体方案，又重视道德教育的基础作用；既强调以君主为核心的政治体制，又主张以人为本，促进农工商业的均衡发展；既有雄奇的霸

《管子》

道之策，又坚持正义的王道理想；既避免了法家忽视道德人心的倾向，又补充了儒家缺乏实际政治经验的不足，在思想史上具有不可抹杀的重要地位。该书现收藏于巴州区图书馆。

《战国策》

江苏徐州刘向著，民国二十二年（1933）商务印书馆出版。主要记述了上起公元前490年"智伯灭范氏"，下至公元前221年"高渐离以筑击秦始皇"共二百四十五年间，战国时期的纵横家（游说之士）的政治主张和策略，或曰记录了当时纵横家游说各国的活动、说辞及其权谋智变斗争故事。内容以策士的游说活动为中心，同时

反映了战国时期各国政治、军事、外交方面的一些活动情况和社会
面貌。记事年代大致上接《春秋》，下迄秦统一。该书现收藏于巴州
区图书馆。

《中国古田制考》

　　四川乐至谢无量著，民国二十二年（1933）商务印书馆出版。
本书为"国学小丛书"之一种，共六章，讲述中国古代土地制度的
起源及成立、土地制度与军赋制度的关系等，对《周礼》中的土地
制度亦有辨析研究。作者认为井田制在古代有决定作用，原因是它
有着与之配套的复杂的兵役制度，但是随着经济的发展和人民生活

环境的变化,现阶段井田制已经无法再现。该书现收藏于巴州区图书馆。

《东北国际外交》

方乐天著,民国二十二年(1933)商务印书馆出版。本书分六章二十四节,上自东北第一次发生国际关系时俄人所组织之西比利亚远征军起,下至《塘沽停战协定》签字后日本人开始实行亚洲门罗政策止,凡三百余年间国际对东北关系之重大发现,均以简明之笔加以叙述。全书以日本之满蒙政策骨干,以英、美、德、俄诸国之活动为反映,对于我国历次外交之失败,或直接陈述,或间接暗

《东北国际外交》

示。该书现收藏于巴州区图书馆。

《东北问题》

　　方乐天著，民国二十二年（1933）商务印书馆出版。本书分六章：第一章述东北之形势、要塞及财富；第二章述东北四省与关内之血统关系及经济关系；第三章将日本人所谓在我东北之特殊利益加以详尽之分析；第四章述日本人之特殊利益，对于我国人民土地及行政之摧残；第五、六章则分述九一八事件之近因与九一八后东北与关内及世界之关系。该书现收藏于巴州区图书馆。

《东北问题》

《商业事务常识》

　　浙江杭州李培恩著，民国二十二年（1933）商务印书馆出版。本书共十四章，分别为现代事务部、事务部组织与管理、事务室家具与设备、事务用机器、档案制度、交通方法、工作报告、会计簿册、书记事务、选用职工、职工训练、薪金制度、事务指南和成本预算，将人事管理和财务管理也包含在内。李培恩期望达到"国人急起直追、切实研究，使事务研究臻于完美"的目的。后来，事务管理研究多参考此框架进行。该书现收藏于巴州区图书馆。

《美国对华商业》

　　杜廷绚著，民国二十二年（1933）商务印书馆出版。本书共七

《美国对华商业》

《公司财政》

章，分别是初期之美国对华商业、列强在华竞争中美贸易之转变、激进中美国对华商业、中美贸易之重要商品、美国在华投资、美国对华商业政策及中美商约，讲述了清光绪十九年（1893）到中华民国成立后的中美贸易变迁历史。该书现收藏于巴州区图书馆。

《公司财政》

河南洛阳孔涤庵著，民国二十二年（1933）商务印书馆出版。本书专论公司财政上之诸般问题，自设立费、股本、公司债、盈利分派、公积金以至合并、清算等，均有详尽之叙述。各种有关之记账式及计算法，亦尽量罗列。在理论实际两方面，均有切实之贡献。该书现收藏于巴州区图书馆。

《信托业》

河南洛阳孔涤庵著，民国二十二年（1933）商务印书馆出版。分信托之概念、沿革与其发达、种类、业务、投资、组织、征费、监督等八章，对研究民国之信托业颇有裨益。该书现收藏于巴州区图书馆。

《信托业》

《运输须知》

达节庵、程志政著，民国二十二年（1933）商务印书馆出版。本书共分五章。首章概论运输的意义、种类、性质及与经济的关系；其余各章分述铁路、水道、公路、航空的特点、政策、组织及运输业务。该书现收藏于巴州区图书馆。

《租界问题》

浙江永康楼桐孙著，民国二十二年（1933）商务印书馆出版。本书分八章，对于租界之起源、土地行政司法权、收租运动之经过

■《运输须知》

■《租界问题》

及此后应取之方针等，均有深刻的研究及透辟的议论，足以供研究租界问题及关心国权者之参考。该书现收藏于巴州区图书馆。

《战后各国外交政策》

袁道丰著，民国二十二年（1933）商务印书馆出版。本书共九章，讲述第一次世界大战后英、美、苏、德、意、日、法等国的外交政策。作者袁道丰是有名的外交家。该书现收藏于巴州区图书馆。

《欧洲农地改革》

何推士著，民国二十二年（1933）商务印书馆出版。详细介经了中古时期开始，欧洲各国、日本自上而下进行的废除半封建农地制度的改革。该书现收藏于巴州区图书馆。

《方法论》

　　法国笛卡尔著，彭基相译，民国二十二年（1933）商务印书馆出版。《方法论》是法国哲学家笛卡尔在 1637 年出版的著名哲学论著。他在《方法论》中提出四条基本原则。第一条原则是"自明律"，即绝不接受任何未经验证的事物为真。第二条原则是"分析律"，即将问题分解为更小的部分。第三条原则是"综合律"，即主张从最简单和最容易理解的事物开始，逐步推进到更复杂的领域。

《方法论》

《苏俄之欧洲国际关系》

第四条原则是"枚举律"，即要求在研究过程中进行尽可能详尽的检查，以确保没有遗漏任何细节。《方法论》对西方人的思维方式、思想观念和科学研究方法有极大的影响。该书现收藏于巴中区图书馆。

《苏俄之欧洲国际关系》

徐锱知著，民国二十二年（1933）商务印书馆出版。讲述了十月革命后苏俄与欧洲各国的关系，西欧是当代资本主义工业和金融贸易高度发达的中心地区，战略地位极为重要，在国际政治中具有重大的影响，是苏美全球争夺的重点。苏联认为，西欧在它的对外政策中"占有特殊的地位"，是它同美国"进行积极斗争和相互影响

《议会》

的舞台"。战后四十多年来，苏联一直注意利用美国同西欧国家之间
的矛盾和分歧，通过政治上发展双边关系、经济上密切贸易往来以
及分化美欧关系等，力图在西欧不断扩大自己的影响，以削弱美国
的势力和影响。该书现收藏于巴州区图书馆。

《议会》

　　福建龙岩李震东著，民国二十二年（1933）商务印书馆出版。
议会是立法机关的一种形态，起源于英国，从封建性质的等级会议
演变而来。本书分为六章，介绍了议会的起源、议会的组织、议会
的权限、议会的会期及议员的特权、多数代表制与比例代表制及职
业代表制、中国的议会。该书现收藏于巴州区图书馆。

《民主主义的新宪法》

广东中山郑斌著，民国二十二年（1933）商务印书馆出版。本书将苏俄宪法视为不同于民主主义宪法的社会主义宪法，对两类宪法进行了多方面的比较。主要资料采自英国海德兰·摩莱（Anges Hedlam Morley）所著欧洲之民主的新宪法。对于德国、捷克、芬兰、波兰、南斯拉夫及波罗的海沿岸诸国之政制的由来及得失，叙述简明、论断透彻。欲知第一次世界大战后民主政治之蜕变者，不可不读本书。该书现收藏于巴州区图书馆。

《社会主义的新宪法》

广东中山郑斌著，民国二十二年（1933）商务印书馆出版。本

《民主主义的新宪法》

《社会主义的新宪法》

书共十章，对苏俄宪法的介绍相当全面、细致，对苏俄宪法的理论
基础、历史发展和基本制度，都有相当篇幅的论述，并常以苏俄宪
法文本为根据。该书现收藏于巴州区图书馆。

《中国出口贸易》

尤季华著，民国二十三年（1934）商务印书馆出版。主要叙述
中国出口贸易的发展趋势、特征，各地出口贸易概况，输出物品的
数值、价格等，进口贸易概况及国外制品、原料、饮食品的进口情
况。该书现收藏于巴州区图书馆。

■ 《中国出口贸易》

《中国海关之组织及其事务》

《市预算》

《中国海关之组织及其事务》

　　周念明著，民国二十三年（1934）商务印书馆出版。海关是一国在沿海、边境或内陆口岸设立的执行进出口监管的行政机构。本书主要从邮递物品、货物、旅客行李、货币、金银、证券和运输工具实行监管检查、征收关税，并执行查禁走私等方面，介绍了海关的主要事务。该书现收藏于巴州区图书馆。

《市预算》

　　柏克著，孙树兴译，民国二十三年（1934）商务印书馆出版。本书分八章，于预算之编制、预算之格式及内容、预算机关之组织、预算计划之施行，论及言简意赅、条理清晰。该书现收藏于巴州区图书馆。

《油料作物栽培法》

褚乙然著，民国二十三年（1934）商务印书馆出版。农业科普指导读物。全书共十五章，全面介绍了大豆、芸姜、花生、胡麻、蓖麻、油桐、柏、亚麻、向日葵、荏、阿列布树、油椰子类、茶、棉等十四种油料作物性状、来历用途、出口贸易、品种、栽培方法。该书现收藏于巴州区图书馆。

《工业分析》

黄开绳著，民国二十三年（1934）商务印书馆出版。本书于常备试药、规定液、指示药类、试料采集法，以及水、煤、烟气体、

《油料作物栽培法》

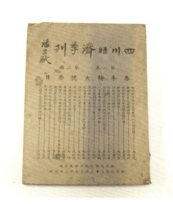

煤气、工业用无机酸类及其原料、工业用碱类、漂白剂、脱色剂、水泥、肥料、蜡、脂油及其成品、糖、淀粉、含淀粉原料、酒精、黄酒、橡皮等之工业分析法，均有简明之叙述。工商各界允宜人手一编。该书现收藏于巴州区图书馆。

《四川经济季刊》（第一卷第二期）

四川省银行经济研究所，民国二十四年（1935）印刷。《四川经济季刊》是讨论四川及一般经济问题的经济刊物，叙述四川一般经济、工矿、农林、牧畜、交通、金融、财政、合作等实际状况与理论分析，四川各地经济状况之实际调查报告等。栏目设置有时评、论著、学术评介和经济动态以及经济调查统计、经济法规辑要、经济消息汇志等。该书现收藏于巴州区图书馆。

《天下郡国利病书》

江苏昆山顾炎武著，民国二十七年（1938）中华书局出版。本书是记载中国明代各地区社会政治经济状况的历史地理著作，共一百二十卷，先叙舆地山川总论，次叙南北直隶、十三布政使司。除记载舆地沿革外，所载赋役、屯垦、水利、漕运等资料相当丰富，是研究明代社会政治经济的重要史籍。该书现收藏于巴州区图书馆。

《天下郡国利病书》

■《战时外交问题》

■《民生主义之综合研究》

《战时外交问题》

湖南长沙周鲠生著，民国二十八年（1939）青年书店出版。周鲠生是新中国国际法的奠基人。本书从国际政治的潮流入手，分析了抗日战争全面爆发以来的国际形势及中日宣战的问题，提出"不能做一国单独出兵援华的准备，要注意避免成为妥协外交的牺牲品，应该在持久抗战的局势下，策动一种基于英美合作之上的国际或联合的干涉行动"。该书现收藏于巴州区档案馆。

《民生主义之综合研究》

四川荣昌陈长蘅著，民国二十九年（1940）正中书局出版。书

中对民生主义进行详细阐述，特别是民生主义在抗战期间及战后所引发的回响。20 世纪三四十年代，三民主义中之民生主义得到更多关注，构成抗战建国纲领的基本内容，在知识分子中也形成了这样的主导价值——"政治民主，经济平等"。该书现收藏于巴州区图书馆。

《中国共产党外交理论的分析》

刘光炎著，民国三十年（1941）胜利出版社出版。书中对中国共产党抗战建国的纲领十分认同，针对中国共产党在延安甚至红军时期提出的外交言论进行详细的分析，用实际事例阐明中国共产党外交政策的可行性、优越性。该书现收藏于巴州区档案馆。

《马列主义与中国》

　　江苏海门陈振著，民国三十年（1941）胜利出版社出版。在书中，作者阐述了为什么中国革命需要马列主义，并结合中国国情翔实地讲解了马列主义，以及马列主义如何领导中国革命、中国共产党诞生的伟大意义，是当时的进步青年最喜爱的书籍之一。该书现收藏于巴州区档案馆。

《马列主义与中国》

《三民主义政治浅说》

湖南湘潭马壁著，民国三十一年（1942）国民图书出版社出版。本书站在国际视角，审视中国革命，将中国与英、美等欧美国家相比较后指出，从精神文明层面来说中国优于欧美，更应该有自己的政治文明，又将三民主义产生的历史与中国当时国情相结合，总结了三民主义的现实意义。该书现收藏于巴州区档案馆。

《中国政府会计》

吴蕚著，民国三十一年（1942）出版。本书分为总论、预算、收支、统制账目、会计簿籍、会计报表、基金、决算、交代及审计等九章，三十余万字。既有理论，又有实际操作，可以用作会计专业教材。该书现收藏于巴州区档案馆。

《转湾抹角政策与中国革命》

湖南益阳王菊生著，民国三十一年（1942）胜利出版社出版。分概论"转湾抹角"政策、此路不通又转回来、"转湾抹角"政策在现阶段的运用、"转湾抹角"政策与中国革命等五章，讲述了中国新民主主义革命的整个历程。该书现收藏于巴州区图书馆。

■《中国政府会计》

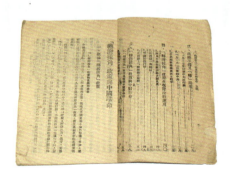
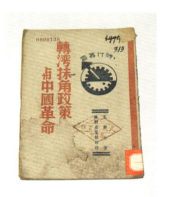

■《转湾抹角政策与中国革命》

《三民主义的基本认识》

湖南祁阳陶国铸著。民国三十二年（1943）国民图书出版社出版。本书从时代背景，三民主义的历史根源、时代性、科学性等多方面，客观地向读者阐述了三民主义的理论和价值，最后引用孙中山的论文，讲述了三民主义的最高理想——打造大同世界。该书现收藏于巴州区档案馆。

《中国经济论丛》

王亚南著，民国三十三年（1944）五十年代出版社出版。本书是理论研究图书，分列当代经济问题、当代经济计划、当代经济分

■《三民主义的基本认识》

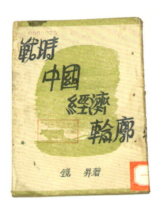

析、战时经济等内容，详细讲解民国时期中国经济所遇到的问题，探讨中国经济未来的发展走向。该书现收藏于巴州区档案馆。

《战时中国经济轮廓》

镜升著，民国三十三年（1944）铅印本。经济学研究类书籍，从怎样研究战时中国的经济入手，阐述战时中国经济整个运行过程，力求为战后国家恢复元气提供良方，当中提到的要从全球范围内来考虑经济政策的制定，在现在看来仍有积极意义。该书现收藏于巴州区档案馆。

《中华复兴十讲》

上海黄炎培著，民国三十三年（1944）国讯书店出版。本书是民国三十一年（1942）6月30日至7月4日，黄炎培在成都金陵大学开办"中华复兴讲座"后由记录者整理的讲义。在书中，黄炎培分析了中国目前的抗战形势，提出了中华复兴的建议，由于是现场记录，因而书中保留了演讲者的口语特点。该书现收藏于巴州区档案馆。

《大同社会主义》

赵森樵著，民国三十五年（1946）国风书局出版。书中将孔子

■《中华复兴十讲》

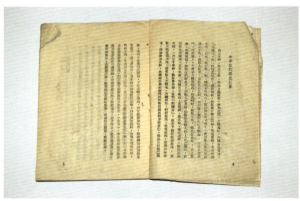

的思想与大同社会主义的思想相结合，认为大同社会是中国人思想传统中最后的理想社会或人类社会的最高阶段，是全民公有的社会制度，包括权力公有和财物公有。首先是权力公有。权力公有的口号是"天下为公"，具体措施是选贤任能、讲信修睦。该书现收藏于巴州区档案馆。

《政学丛书·宪政论》

湖北黄陵、陈启夫著，民国刻本。宪政是政治哲学、法哲学最重要的概念之一。尽管对于什么是宪政并没有一个统一的认识，但历史的不断进步与发展却使人们对宪政的概念基本上达成了一些共

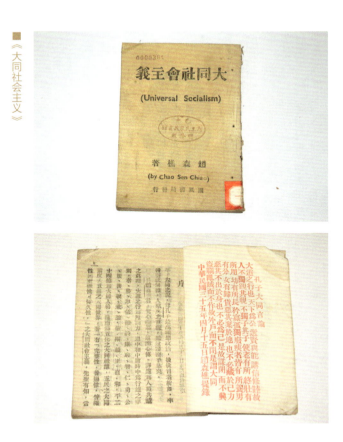

《大同社会主义》

■《政学丛书·宪政论》

■《教材·大清会典要义》

识。比如，保障权力的健康行使，保障权利的正常运用，等等。本书从权力和权利两个维度，来理解宪政及其运行。该书现收藏于巴州区图书馆。

《教材·大清会典要义》

佚名，民国铅印本。该书把典则与事例分开，把各门各目的因革损益情况按年进行排比，从而既有门类，又有时间顺序，便于查阅。嘉庆、光绪《清会典》中，将户部的舆图，礼部的仪式、祭器、卤簿，钦天监的天体图等，绘图成编，称"会典图"。该书现收藏于巴州区图书馆。

*《十大政纲》

1933 年中国共产党川陕省委会翻印。《十大政纲》由 1928 年 7 月中国共产党第六次全国代表大会制定，是当时各革命根据地和苏维埃政权的行动指南，提出了"争取群众，准备武装起义，以推翻地主豪绅资产阶级政权"的口号。该书现收藏于通江县档案馆。

*《中国共产党党章》

1933 年红四方面军宣传部、川陕苏区通江县委宣传部翻印。该

《十大政纲》

章程由中共二大制定，具有开创性意义，是我党根本大法的源头。本部章程共有六章二十九条，详细规定了党员条件和入党手续，对党的组织原则、组织机构，党的纪律和制度等也作出具体的规定。在党章的指导下，党组织有了明确的行动指南，党的事业不断走向更广阔的新天地。该书现收藏于通江县档案馆。

*《中共中央关于一九三三年两个文件的决定》

1948 年通江县委办公室整理。两个文件是指《怎样分析农村阶级》和《关于土地制度改革中的一些问题的决定》，这两个文件的出台，是为了纠正 1933 年查田运动出现的"左"倾错误倾向，是划分

《中国共产党党章》

农村阶级的标准，明确了如何划分地主与富农、富农与富裕中农，以及对待知识分子的政策等。中共中央要求各级政府按照这两个文件的精神对农村阶级成分进行复查，纠正土地革命中的"左"倾错误。该书现收藏于通江县档案馆。

《中共中央关于一九三三年两个文件的决定》

第二节 史志族谱

《史记》

　　陕西韩城司马迁著，民国刻本，上海锦章图书局出版。西汉司马迁撰写的纪传体史书，是中国历史上第一部纪传体通史。作者撰写了从传说中的黄帝时代，下迄汉武帝太初四年间共三千多年的历史。全书规模巨大，体系完备，且对此后历代纪传体史书影响至深，历朝正史皆采用这种体裁撰写。该书现收藏于巴州区图书馆。

《史记》

《前汉书》

陕西咸阳班固撰，民国成都书局刻本。又称《汉书》，由我国东汉时期的历史学家班固编撰，是中国第一部纪传体断代史，"二十四史"之一，与《史记》《后汉书》《三国志》并称"前四史"。全书主要记述了上起西汉的汉高祖元年（前206）下至新朝的王莽地皇四年（23）共二百三十年的史事，约八十万字。该书现收藏于南江县图书馆。

《金史》

脱脱著，民国刻本。二十四史之一。脱脱，元朝末年政治家、军事家。全书一百三十五卷，其中本纪十九卷、志三十九卷、表四卷、列传七十三卷，是反映女真族所建金朝的兴衰始末的重要史籍。书末另附有《金国语解》一篇。其中，"志"为十四类，分别为天文、历、五行、河渠、地理、祭祀、礼乐、舆服、仪卫、选举、百官、兵、刑及食货等；"表"为二类，分别为宗室和交聘。《金史》在编写过程中所引用的史料，大都直接取自金朝时期的各种历史文献，因此书中记载的历史较翔实可靠。该书现收藏于巴州区图书馆。

《王船山续通鉴论》（十六卷）

湖南衡阳王夫之著，民国商务印书馆出版。本书是明末清初卓

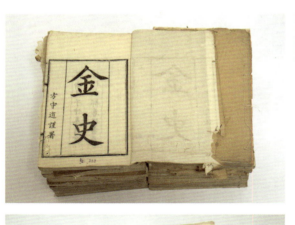

《金史》

《王船山续通鉴论》（十六卷）

《纲鉴·三皇五帝纪》（夏商纪）

越思想家王夫之有关古史评论的代表作，是王夫之阅读司马光巨著《资治通鉴》的笔记，共三十卷，结合当时的社会政治现实，系统地评论了自秦至五代之间千余年的历代成败兴亡、盛衰得失，臧否人物，总结历史经验，阐述自己的见解、主张和思想。该书现收藏于南江县图书馆。

《纲鉴·三皇五帝纪》（夏商纪）

浙江嘉善袁黄撰，民国铅印本。纲鉴是指明人承袭宋代朱熹《通鉴纲目》体例编写的史书。一部通俗历史书，上起盘古开天地，下迄元亡，简述历代治乱兴废、制度沿革、土地分并等。本卷讲述三皇五帝和夏商时期的大事。该书现收藏于巴州区图书馆。

■《纲鉴·西东晋纪》

■《纲鉴·宋齐梁纪》

《纲鉴·西东晋纪》

　　浙江嘉善袁黄撰,民国铅印本。纲鉴是指明人承袭宋代朱熹《通鉴纲目》体例编写的史书。一部通俗历史书,上起盘古开天地,下迄元亡,简述历代治乱兴废、制度沿革、土地分并等。本卷讲述东晋、西晋时期的大事。该书现收藏于巴州区图书馆。

《纲鉴·宋齐梁纪》

　　浙江嘉善袁黄撰,民国铅印本。本卷讲述南北朝时期南朝的历史变革。该书现收藏于巴州区图书馆。

《纲鉴·陈隋纪》

浙江嘉善袁黄撰，民国铅印本。本卷讲述从隋到陈的历史变革。该书现收藏于巴州区图书馆。

《纲鉴·唐纪》

浙江嘉善袁黄撰，民国铅印本。本卷讲述唐王朝时期的重要变革。该书现收藏于巴州区图书馆。

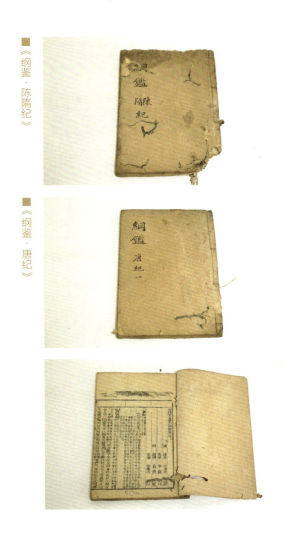

《纲鉴·陈隋纪》

《纲鉴·唐纪》

《纲鉴·明纪》

浙江嘉善袁黄撰,民国铅印本。本卷讲述明前期的历史变革。该书现收藏于巴州区图书馆。

《历代通鉴辑览》

清高宗弘历敕撰,民国七年(1918)上海文明书局出版。《历

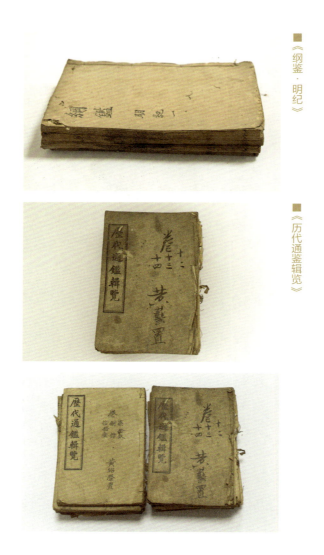

■ 《纲鉴·明纪》

■ 《历代通鉴辑览》

《钦定续通志》

代通鉴辑览》是乾隆时期在《资治通鉴》基础上，兼采《通鉴纲目》体例编纂而成的一部重要官修史书。以明正德年间李东阳撰《通鉴纂要》一书为基础，重加编订。起自伏羲氏，止于明代，依时间次序，通叙历代之事。因官撰、御批之故，清代科举考试皆以其为典范。该书现收藏于巴州区图书馆。

《钦定续通志》

江苏无锡嵇璜、山东诸城刘墉等撰，民国十七年（1928）中华书局出版。《续通志》成书于乾隆五十年（1785），"十通"之一。全书六百四十卷，体例仿《通志》，唯缺世家及年谱。书中"纪传"自唐初至元末止，"二十略"自五代至明末止，补充了《通志》诸略于唐事的缺漏。该书现收藏于巴州区图书馆。

《史记菁华》

清代姚祖恩编，民国十七年（1928）中华书局出版。清康熙年间的姚祖恩从小喜读《史记》，有感于此书的意味深长，经"抽挹精华，批郤导窾"，使《史记》的天工人巧和太史公的苦心孤诣呈露给读者。经过姚祖恩精心剪裁的《史记》，无论本纪、世家、列传，都可当作一本写得十分有趣的故事书来读。再加上姚祖恩的评点，更是道出了太史公文章的三昧。《史记菁华》问世以来，销行历久不

■ 《史记菁华》

衰，是众多《史记》选评本中极受青睐的一部，既可作为初学《史记》者的入门书，又可作为《史记》研究者的参考书，还可作为一般古典文学爱好者的读本。该书现收藏于巴州区图书馆。

《三国志·蜀书》

四川南充陈寿著，民国二十二年（1933）商务印书馆出版。二十四史之一，记载中国三国时期的曹魏、蜀汉、东吴纪传体断代史，是二十四史中评价最高的"前四史"之一。《蜀书》是《三国志》中记载蜀汉历史的部分，共十五卷，约占全书篇幅的六分之一。该书现收藏于巴州区图书馆。

《上三国志注表》

山西闻喜裴松之著，民国二十二年（1933）商务印书馆出版。《上三国志注》为《三国志》作注，弥补了《三国志》过于简略的缺陷，

丰富了三国历史的记载，本篇为该注最后一篇，谦虚严谨地回顾了
自己呕心沥血的过程。该书现收藏于巴州区图书馆。

《大唐西域记》

河南洛阳玄奘著，民国二十二年（1933）商务印书馆出版。《大
唐西域记》，又称《西域记》，地理史籍，十二卷，系玄奘奉唐太宗
敕命而著，唐贞观二十年（646）成书。综述了唐贞观元年（627）
（一说贞观三年）至贞观十九年（645）玄奘西行之见闻。记述了玄
奘所亲历一百一十个国家及得之传闻的二十八个国家之概况，有疆
域、气候、山川、风土、人情、语言、宗教、佛寺以及大量的历史

《上三国志注表》

《大唐西域记》

传说、神话故事等。是研究中古时期中亚、南亚诸国的历史、地理、宗教、文化和中西交通的珍贵资料和研究佛教史学、佛教遗迹的重要文献。该书现收藏于巴州区图书馆。

《宋史纪事本末》

冯琦原编，陈邦瞻纂辑，张溥论证。民国二十二年（1933）商务印书馆出版。本书从宋太祖代周写起，至文天祥、谢枋得之死结束，记录了宋朝一代兴衰治乱之事，当中还包括辽、金和元初的史实。主要内容有宋元政治、典章制度及重大事件；宋代的营田、治河、茶盐等经济状况；宋代的思想、文化、天文历法；宋代农民起

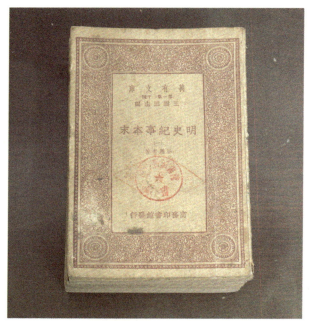

义的情况；辽、金、夏的历史和元朝早期的社会政治军事状况。本
书对于抵御入侵者的李纲、宗泽、岳飞、陈亮等都予以肯定。作者
以高度的综合分析能力，用较少的篇幅，按历史事件把大量的史料
加以剪裁、整理和集中，叙述颇有条理。在编纂体例上，则弥补了
《通鉴纪事本末》详于理乱兴衰、忽略典章制度的缺陷，开创了以后
纪事本末体史书记述典章制度、经济和文化等方面活动的新内容。
该书现收藏于巴州区图书馆。

《明史纪事本末》

河北唐山谷应泰撰，民国二十二年（1933）商务印书馆出版。纪
事本末体史书。谷应泰（1620—1690），清初学者。本书所记载的时
间，从元朝至正十二年（1352）朱元璋起兵开始，一直到崇祯十七年
（1644）李自成攻破北京、朱由检自缢为止，谷应泰等人将这近三百

年的时间里他们所认为重要的历史事件，列成八十卷，记述这些事件的始末，各卷后面都附有"谷应泰曰"的史论。本书比官修《明史》修成的时间还要早八十多年，综合了多部明代史书编纂，具有一定的史料价值。该书现收藏于巴州区图书馆。

《文史通义》

浙江绍兴章学诚著，民国二十二年（1933）商务印书馆出版。本书是一部纵论文史，能与《史通》匹敌的第二部史学理论巨著。此书要旨为著作之林校雠得失、品藻流别，进而讨论笔削大旨，故皆用辩驳评论的体裁为写作方法，而其重心则侧重于史。由于它是

《文史通义》

"文""史"通义，综合讨论文史理论问题，主要观点有：其一，"六经皆史"论。章氏提出"六经皆史"的命题，以为"六经"皆属先王的政典，记述了古代的典章制度，说明史之源起先于经，并且指明经术乃是三代之史而为后人所重视。其二，有关历史编纂学问题。这是该书的主要内容之一，章氏认为史家治史要有尊重历史真实的基本态度，即"慎辨于天人之际，尽其天而不益以人"的态度。其三，我国方志起源很早，但把方志作为一门专门的学问，提出系统的理论主张，始自章学诚。章氏不但对方志的性质、内容、体例等问题有独到的见解，而且将其主张贯彻于具体的编修方志的工作中。这是章氏对方志学的杰出贡献。该书现收藏于巴州区图书馆。

《通志略》

福建莆田郑樵撰，民国二十二年（1933）商务印书馆出版。五十二卷，是《通志》的一部分，共二十篇，称"二十略"。《通志略》把历代的典章制度、学术文化加以分类，探索其演变过程。一类是就正史抄录整理，另一类是关于学术文化的内容，为前史所无或较少论及。郑樵细致分类，详加论述，别开生面，实属珍贵。其中，《六书》《七音》二略是启示后人研究文字学、音韵学的门径。该书现收藏于巴州区图书馆。

《明儒学案》

浙江余姚黄宗羲著，缪天绶选注，民国二十二年（1933）商务印书馆出版。《明儒学案》是清代黄宗羲创作的一部系统总结和记述明代传统学术思想发展演变及其流派的学术史著作。全书一共六十二卷，共记载了明代二百一十位学者的思想，以王守仁心学发端发展为主线，首篇《师说》提纲挈领全书。在总纲《师说》之后，

《通志略》

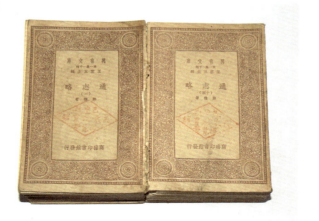

《明儒学案》

分别列出了十七个学案，大致依据时间先后推移次序和学术流派传承关系，每个学案都有较为固定的结构，有案序、传和语录。其中案序为概说该学派之基本情况，诸如该派的主要学术观点、主要代表人物、与其他学派的关系等；传即是学者传记；语录即是收录该派名言至理并附有评论。该书现收藏于巴州区图书馆。

《天文考古录》

江苏昆山朱文鑫著，民国二十二年（1933）商务印书馆出版。内收《中西天文史年表》《中国历法源流》《中国之哈雷彗》《中国日斑史》《春秋日食考》《历代日食统计》《汉书天文志客星考》《轩辕流星雨史略》等。该书现收藏于巴州区图书馆。

《欧化东渐史》

　　江苏泗阳张星烺著，民国二十二年（1933）商务印书馆出版。本书旁征博引，论证了欧洲文明与中国文明碰撞并影响中国的历史，时间跨度从宋、元朝到 20 世纪 30 年代，范围涉及政治、宗教、思想、经济、文化、科学诸领域。其中既叙述了西方在诸方面对中国的侵略和渗透，也记录了西方与中国的正常交往，既提到了西方的侵略给中国带来的恶果，也没有回避这种侵略和渗透给近代中国各方面带来的一系列有益的变化。该书现收藏于巴州区图书馆。

■《欧化东渐史》

《外族侵略中国史》

湖南宁乡傅运森著，民国二十二年（1933）商务印书馆出版。本书为历史教科书，共五章，记录了中国历史上遭遇的三次外族入侵，即"五胡乱华"、蒙古族南下、清军入关给百姓带来的苦难，包括鸦片战争以来列强在国内横行的现状。该书现收藏于巴州区图书馆。

《东北路矿森林问题》

湖南醴陵陈觉著，民国二十二年（1933）商务印书馆出版。本书主要讲述了九一八事变后，日军侵占东北后东北道路、矿产、森林使用情况，著述带有浓厚的时代色彩，亦属于日本殖民中国东北

《外族侵略中国史》

《东北路矿森林问题》

的拓荒性研究。该书现收藏于巴州区图书馆。

《世界地志》

湖南醴陵傅角今编，民国二十二年（1933）商务印书馆出版。地理类著作，后来作者在此基础上写成高中地理教科书。全书分为六篇，分别为亚洲、欧洲、南美洲、北美洲和海洋洲等。每一篇都从自然概况、人文概况、邦国志略三方面介绍该大洲的情况。在每一篇的邦国志略中，详细地介绍了各国的地质地形、气象气候、风向、岛屿、滩险、志要、动植物、水产、历史回顾等，并有大量地体构造、气象气候等分布图。该书现收藏于巴州区图书馆。

《欧洲近代戏剧》

余心著，民国二十二年（1933）商务印书馆出版。欧洲戏剧历史悠久，名作如林，新潮迭起，影响巨大。本书以深邃的目光和生动的笔触审视并描述了自古希腊至19世纪末欧洲各国戏剧的历史。该书现收藏于巴州区图书馆。

《美国现代史》

孙智舆著，民国二十二年（1933）商务印书馆出版。第一编为政治外交篇，叙述美国自南北战争起政治上经济上之变迁、共和民主两党之递嬗、对外对内所施之政策及方案，以及最近罗斯福所提

倡之复兴运动及其成效。第二编为文化篇，历述美国文明之繁华及大学教育发展之沿革及设备之充实。第三编为殖民地篇，追叙美国各殖民地之原始情形及为美国取得后之统治现状。该书现收藏于巴州区图书馆。

《现代欧洲各国侵略史》

何子恒著，民国二十二年（1933）商务印书馆出版。此书主要叙述欧洲各国之对外侵略，上起四百年前下迄第一次世界大战以后，横及世界各地。举凡其发展之原因、侵略之经过、方式手段之演变、秘密条约之缔结、互相默契之成立、傀儡组织之扶持、经济侵略之实施，以及国际之明争暗斗，莫不详论及之。该书现收藏于巴州区图书馆。

《世界人种志》

福建晋江林惠祥著，民国二十二年（1933）商务印书馆出版。从各西籍采译而成。除中国各民族已详载于张其昀《中国民族志》（商务印书馆出版）不再复述外，他族如蒙古利亚大陆海洋两大系、尼革罗非洲海洋两大系、高加索欧亚及含米特族闪米特族各系，皆穷源竟委，分析详述。美澳各属土人，亦经论及。该书现收藏于巴州区图书馆。

■《现代欧洲各国侵略史》

■《世界人种志》

《最近欧洲外交史》

福建长乐高鲁著，民国二十二年（1933）商务印书馆出版。全书共分九章，包括新欧条约之经过、意大利疆界之纠纷、德奥亲善、匈牙利与小协商、德波交恶、意法二国之冲突、不平等条约发生之纠纷、法国外交之趋向八个部分，详细介绍了欧洲各国之间的战争与和平。作者作为外交官，认为各国之间的和睦相处都是建立在武力基础上的，要有足以自卫的武力，方能在国际交往中占据优势地位。该书现收藏于巴州区图书馆。

《近代欧洲政治思想小史》

江西丰城万良炯编，民国二十二年（1933）商务印书馆出版。作者依据时代政治潮流，将近代欧洲政治史分为三个时期，并对各时期的主要政治现象及起因、影响等进行了详细的叙述，旨在探寻近代欧洲民主政治的发展过程。《近代欧洲政治史》与周鲠生先生的《近代欧洲外交史》一起构成较为完整的近代欧洲历史画卷，使近代欧洲的历史清晰地呈现在读者面前。该书现收藏于巴州区图书馆。

《国耻史讲话》

沈鉴、王栻撰，民国二十八年（1939）独立出版社出版。本书是关于近代中国外交的书籍。以唤醒国人"知耻明辱""雪耻教战"

为宗旨，撰写遵从"文字要生动通俗"原则，详细记录了第一次、第二次鸦片战争，中法战争，中日战争，八国联军侵华等战争的过程，特别注重记录我国在外交上的失败。该书现收藏于巴州区档案馆。

《日本间谍与汉奸》

海章编，民国二十八年（1939）正义社出版。本书为日军侵华相关史料，分为"日本间谍，还是迷途在中国""日本间谍与汉奸组织""日本间谍与汉奸的成分""日本间谍与汉奸活动""怎样侦查日本间谍与汉奸"五章，向民众科普日本间谍的恶行，呼吁全民参与抗战。该书现收藏于巴州区档案馆。

《国耻史讲话》

《日本间谍与汉奸》

《中国革命运动史略》

钱宝甫撰，民国二十九年（1940）建设书店出版。《中国革命运动史略》成书于抗战时期，革命浪潮席卷中国，作者作为革命者，时刻关注着革命运动，并将其整理成册，客观分析了三民主义和马列主义，认为马列主义才可打破压在人民身上的三座大山，在中国共产党的领导下，中国革命才会有新出路。该书现收藏于巴州区档案馆。

《整理四川县志之途径》

四川地方实际问题研究会撰，民国三十年（1941）实际出版社出版。修纂地方志是中国千百年来的文化传统，历朝历代都把此事作为一件大事来做。民国时期依然不例外。本书从志书之探源、挽近志乘之一斑、旧志之勘误、今后修志应取之途径四个方面对修纂地方志做出明确指导。该书现收藏于巴州区档案馆。

《中国历史研究法》

江苏武进吴泽编著，民国三十一年（1942）峨眉出版社出版。本书是历史学家吴泽的一部力作，也是中国近代史学理论的经典著作之一，它全面反映了新史学首倡者梁启超的学术思想，对中国历史研究影响巨大。全书共分六章：第一章论述了史的定义、意义和

■《整理四川县志之途径》

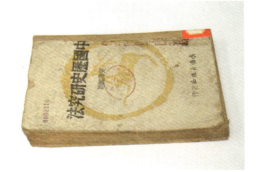

■《中国历史研究法》

范围；第二章回顾并评价了中国的旧史学；第三章讲如何改造旧史学，建立新史学；第四、五章专谈史料学；第六章则阐述史实上下左右的联系。该书现收藏于巴州区档案馆。

《世界战争中的印度》

浙江桐乡金仲华著，民国三十一年（1942）文化供应社出版。本书是关于印度问题的研究专著。共十二章，从历史矛盾的背景、印度地理位置入手，依次分析了印度民族解放运动，印度教派之争，第一次世界大战后、太平洋战争后的印度国际形势问题，当中提到的印度与中国之争，在今天看来仍有研究价值。该书现收藏于巴州区档案馆。

《中国政治制度史》

　　曾资生著，民国三十二年（1943）重庆南方印书馆出版。中国政治制度史是中国历史不可分割的重要组成部分，它既是政治学的一门重要分科，又是历史学的一门重要专门史。作者讲述了自先秦起到清代，中国诸种重要典章制度的发展变化，对中国政治史和现实政治问题进行探讨，力图为中国的政治建设服务。该书现收藏于巴州区档案馆。

《中国政治制度史》

《东北通史》（上编）

辽宁辽阳金毓黻著，民国三十二年（1943）五十年代出版社出版。全书计六卷三十九章，四十万字，是东北史最有规模最为系统的开创性著作。"总论"五章，阐述"东北"一词含义及异名，东北史与方志、民族、地理之关系，东北史范围及分期。书中分五期记述东北史：上古至汉魏，为汉族开发时代；晋迄隋初，为东胡扶余互竞时代；隋唐时期，为汉族复兴时期；唐中叶至北宋，北宋至元末，为靺鞨契丹女真蒙古迭兴时代；后期记述女真兴起及东夏国、元与东北的关系，对于研究东北古代史、民族史及地理沿革等方面具有重要的参考价值和学术价值。该书现收藏于巴州区档案馆。

《总理广州蒙难》

严恩纹著，民国三十二年（1943）国民图书出版社。本书分三章，从叛徒陈炯明、孙中山广州蒙难的经过、讨贼的结果三个部分入手，详细地记录了民国十一年（1922）粤系军阀陈炯明兵变的过程和描述了孙中山以及众多幕僚、亲随在广州蒙难期间的艰难困境与卓绝表现。该书现收藏于巴州区档案馆。

《太平洋战后的世界》

李菊休著，民国三十二年（1943）中西书局出版。本书为太平洋战争史料，共九章，分别叙述了太平洋战争爆发的原因、日本独

《总理广州蒙难》

霸远东的企图、日本发动战争及联合国家的应战、印度问题、中美关系以及太平洋战争第一年概况和国际政局等。该书现收藏于巴州区档案馆。

《日本当前之危机》

鹿地亘著，民国三十二年（1943）国民图书出版社出版。本书分五章：破灭危机的轮廓、孤注一掷的天皇制运动、确立海洋圈经济机构的致命伤、生产力方面的各种暗礁、对战略动向的苦闷及当前我们的问题，详细讲述了陷入相持阶段的日本面临的各种问题，坚定国内民众抗日信心。该书现收藏于巴州区档案馆。

■ 《太平洋战后的世界》

■ 《日本当前之危机》

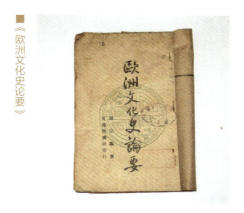

《欧洲文化史论要》

山西五台阎宗临撰，民国三十二年（1943）文化供应社出版。本书从文学、雕塑、绘画、音乐及科技等各个角度来审视欧洲文化，突出历史的互动性，将丰富多彩的欧洲文化史呈现给读者，从中可以窥见欧洲文化的发展演变过程。该书现收藏于巴州区档案馆。

《黄帝》

江苏无锡钱穆著，民国三十三年（1944）胜利出版社出版。本书为初步涉猎上古史的读者的入门史书。依据古文献中的记载，简单讲述黄帝、尧、舜、禹、汤、文、武、周公的文治武功。作者钱

■《黄帝》

■《中国民族的由来》

穆是中国史学大家，他认为黄帝是中华文明的奠基者和创始人，自他之后，文化才慢慢地生长，至周朝大体确定。其后的尧舜禹汤、文武周公，一脉相传，为道统文化传统的传授者。该书现收藏于巴州区档案馆。

《中国民族的由来》

林炎著，民国三十四年（1945）永祥印书馆出版。本书是关于汉族史研究的书籍。作者从中华民族的由来、中华社会史的分期入手，详细论述了汉族的起源、形成、结构和发展等问题，并以此为延伸，论述了以汉族为主体，辅之以满、蒙、回等民族向外发展之事迹。该书现收藏于巴州区档案馆。

《中国原始社会研究》

郑子田撰，民国三十四年（1945）永祥印书馆出版。全书共分九章，阐述了北京猿人是否为汉族直接祖先考、汉族在原始时代迁移之阶段、中国原始旧石器时代之讨论、中国新石器时代、中国铜器时代、中国原始艺术等方面的命题。该书现收藏于巴州区档案馆。

《中国历代知识青年从军简史》

彭国琛著，民国三十四年（1945）国民图书出版社出版。本书

《中国原始社会研究》

分为十部分，分别介绍了从秦汉至辛亥革命前后、从学术界到女青年投笔从戎的历史及这当中涌现的名将事迹，如霍去病、李广、梁红玉等，鼓励知识青年踊跃参军报国。该书现收藏于巴州区档案馆。

《琉球概览》

庄文编著，民国三十四年（1945）国民图书出版社出版。该书包括前言、名称、沿革、地理、结论，约一万字。作者在书中强调了琉球地理位置的重要性，认为"此琉球亡日的史页，便是日本六十余年来侵华痛史的首页；伫望未来的历史，我们希望，此后琉球解放的史页，便是中国向日索清一切血债的首页"！该书现收藏于巴州区档案馆。

《美国侧面像》

湖北鄂州刘尊棋著，民国三十八年（1949）新中国书局出版。作者获卡内基国际和平基金会资助，应邀赴美考察美国新闻出版事业时所作，本书内收《纽约客》《小城市风光》《黑人问题》《排犹运

《美国侧面像》

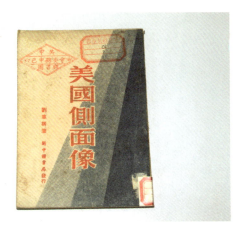

动》《劳工》《土地上的奴隶们》《报纸透视》等十二篇文章，介绍美国社会生活的各个侧面。该书现收藏于巴州区档案馆。

《近卅年国际关系小史》

徐弦著，民国三十八年（1949）三联书店出版。本书介绍自第一次世界大战至第二次世界大战后近三十年间的国际关系，为了解当时国际关系提供了大量史实。该书现收藏于巴州区档案馆。

《约章成案汇览》

清北洋洋务局辑，民国铅印本。共二编，五十二卷。本书为清

《近卅年国际关系小史》

代外交史料，辑录康熙朝至光绪三十年（1904）间与各国订立的条约、章程等而成。甲编为条约，以国分卷，按年月先后为序，多为道光以来各朝所定，均依外务部颁行原本翻印，照会、附件具备。乙编为章程成案，以门类分卷，凡订约、交际、疆界、开埠、租借、通商、行船、禁令、狱讼、聘募、招工、游历、游学、传教、偿借、铁路、矿务、圜法、邮电、赛会二十门。分类辑录外务部和北洋洋务局所存中外各国所订章程，有关订立条约、章程之奏折等档案，并附《各国立约年月表》《各口岸通商开埠原始表》《大清舆图》等十余种图表。该书现收藏于巴州区图书馆。

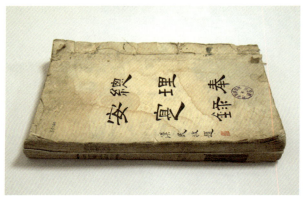

《总理奉安实录》

内部资料，民国印刷。本书详细记载了孙中山先生遗体由北京奉移南京安葬的整个过程，披露了奉安筹备、迎榇公祭、宣传、陵墓工程、奉安典礼、奉安账目等鲜为人知的史料，全书分照片、纪述、专载、附录四部分。尤为珍贵的是，书中刊载了一百余幅按时间顺序实地拍摄的奉安活动图片以及多幅中山陵设计图及陵园全景图。该书现收藏于巴州区图书馆。

《中国民族战史》

湖北黄冈陶希圣著，中央陆军军官学校印。本书主要包括中国的地势与中华民族的发展、中国的位置及地势、中国的人口分布、中国的产业及交通、中华民族的历史发展、"五胡华乱"、秦汉的都市与农区分配大势、五胡的侵入及暴动、五胡东晋南北朝的对峙、契丹女真的侵入、隋唐统一的形势等内容。该书现收藏于巴州区档案馆。

《日本国力的剖视》

邬翰芳编，民国上海国际书局出版。本书是关于日本国情的图书。分两篇，从日本的自然资源和人力物力总汇两个方面，详细介绍了明治维新后，日本国内的政治情况及林业、农业、水产业、交通等综合国力情况。该书现收藏于巴州区档案馆。

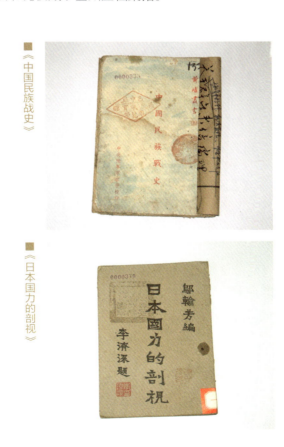

《中国民族战史》

《日本国力的剖视》

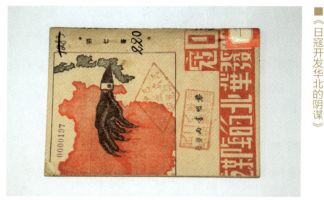

《日寇开发华北的阴谋》

刘仁著，民国黎明书局出版。日军侵华重要史料。民国二十二年（1933）长城抗战及《塘沽停战协定》签订之后，日本暂时将对中国"武力鲸吞"的露骨侵略方式转变为有序推进的"渐进蚕食"方式，即企图一口一口啃噬中国。本书详细介绍了日本侵犯华北地区、扶持汪伪政权的过程。该书现收藏于巴州区档案馆。

《地理五诀》

河北磁县赵久锋著，民国上海广益书局出版。堪舆学之作。全书共八卷：卷一为五行基础和罗盘初步篇；卷二论龙脉生旺死绝形

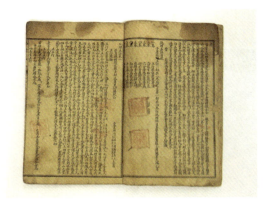

象；卷三论穴之阴阳富贵贫贱；卷四论砂形贵贱得位失位；卷五论水之吉凶进神退神；卷六论四局朝向龙水配合；卷七论二十四山向十二种水口吉凶判断法；卷八论平洋地理风水要诀。前七卷主要论山地风水，卷八论平洋风水，主要以山地风水为主。作者认为地理风水同人类封建社会一样也有纲常伦理、美恶的道德判断标准。该书现收藏于南江县图书馆。

《达县磐石乡志》

张子履撰，民国二十三年（1934）中华书局出版。磐石乡位于达县城东北三十里，此志为四川省正式纂修成书的两种乡志之一，且系最佳者，分九门八十七目附一目，约二十万字。就一乡之志而言，其价值大过某些县志。以礼俗、食货、学校、人物等门类记事为详尽，仅礼俗门便达五万余字，婚、祭、丧等礼俗及族谱、祠馆等无所不载。学校门对于本乡及各保国民学校的开办情况记之亦详。最后杂记门之大事记中有丰富的民国初期川北地区军阀混战的资料、民国二十一年（1932）至民国二十三年（1934）间中国工农红军徐向前部攻打达县等地的史料收载略详，价值很大。该书现收藏于巴州区图书馆。

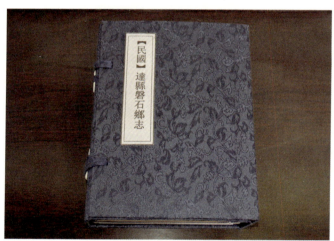

■《达县磐石乡志》

*《巴中县志》

王捂、张仲孝、马传芝、杨杰先撰，民国刻本。巴中县第一部科学性、思想性和资料性相统一的地情文献著述。全面、系统、客观地记述了巴中县从自然到社会的历史与现状，突出地方和时代特色，为宣传巴中县、建设巴中县提供了翔实的资料，为各级领导决策提供了科学依据，为全县人民进行热爱祖国、热爱家乡和革命传统教育提供了生动教材，有益当代，惠及后世。该书现收藏于巴州区图书馆。

《巴中县志》

*《陈氏宗谱》

陈氏宗谱编委会编，民国庚午年（1930）刻本。该书作为巴中地域陈氏一脉的宗谱，由虎公后裔巴中籍合大王、家元水、河山溪六脉合著，向后世详述这六脉的宗族渊源。该书现收藏于巴州区档案馆。

*《巴州岳家寺余氏家谱》

作者不详，2019 年翻印版。平昌县岳家镇余氏是书香世家，其中特别有名的是云屏书院创始人余焕文。余家祖籍湖北武昌府大冶县余胜庄。本书详细介绍了余家各支具体人数并附有介绍，还收录

《陈氏宗谱》

了部分余焕文的诗作。该书现收藏于平昌县何茂森家。

*《漾溪吴氏七修宗谱》

漾溪吴氏七修宗谱编委会编，民国延陵堂刻本。本书为漾溪吴氏宗谱，详细介绍了吴氏宗族的来由及历代分支。吴氏先祖为姬姓，因武王分封至吴地而得名，历代人才辈出，漾溪吴氏因战乱迁入平昌白衣镇。该书现收藏于平昌县何茂森家。

《巴州岳家寺余氏家谱》

《漾溪吴氏七修宗谱》

第三节　传统经典

《尔雅今释》

晋代山西闻喜郭璞著，刑昺注。民国石刻本。《尔雅》是中国最早的一部解释词义的专著，也是第一部按照词义系统和事物分类来编纂的词典。刑昺认为旧注"犹未详备，并多纷谬，有所漏略"，于是"缀集异闻，会粹旧说，考方国之语，采谣俗之志"，并参考樊光、孙炎等旧注，对《尔雅》作了新的注解。刑昺的注疏作用有二：

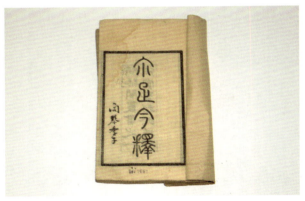

■《尔雅今释》

《王逸注楚辞》

（一）补郭注之阙。郭注中有些略而不详的地方，能够依据群籍，加以补充；（二）申说郭注的材料来源、方法体例。这对于了解郭注的旨意，进而研读《尔雅》正文，都有一定帮助。该书现收藏于巴州区图书馆。

《王逸注楚辞》

湖北宜城王逸著，民国元年（1912）大一统图书局出版。对《楚辞》各篇作了文字注解，记述了各篇的创作由来和作者经历，是《楚辞》最早的完整注本。在本书中，王逸用"故善鸟香草以配忠贞，恶禽臭物以比谗佞"来评价《离骚》。王逸注释《楚辞》的体例是，逐句作解，着重训诂，大多言之有据。他其实是完成了当时一个集大成

的工作。这部书中所凝结的，除了他个人的勤奋努力之外，还有在他之前或与他同时的很多汉代学者的辛勤与智慧。该书现收藏于巴州区图书馆。

《新体广注古文观止》

黄筑严、刘再苏撰，民国七年（1918）世界书局出版。本书共选录自先秦到明朝末年的二百二十二篇古文，是一本流传甚广、影响甚大且传世不衰的文章选本，原为当时的学童和其他读书人编纂的一本古文启蒙读物，旨在让读者初步了解古文的内容、文体、风格，增长历史、文学知识，认识古代社会以及提高古文阅读能力。

本书对每篇古文都进行了题解、注释和白话文翻译，底本采用中华书局的排印本，同时参照清乾隆年间映雪堂刻本加以比勘。该书现收藏于巴州区图书馆。

《尔雅注疏》

晋代山西闻喜郭璞著，邢昺注，民国十七年（1928）中华书局出版。《尔雅》是中国最早一部解释词义的专著，也是第一部按照词义系统和事物分类来编纂的词典。刑昺认为旧注"犹未详备，并多纷谬，有所漏略"，于是"缀集异闻，会粹旧说，考方国之语，采谣俗之志"，并参考樊光、孙炎等旧注，对《尔雅》作了新的注解。邢

《尔雅注疏》

昺的《尔雅注疏》主要有两个作用：（一）补郭注之阙。郭注中有些略而不详的地方，能够依据群籍，加以补充；（二）申说郭注的材料来源、方法体例。这对于了解郭注的旨意，进而研读《尔雅》正文，都是有一定帮助的。该书现收藏于巴州区图书馆。

《新注四书白话解说·论语》

山东历城江希张注，民国十七年（1928）上海书业公所出版。本书关于《论语》的详细讲解、注释，全面具体，内容准确，其中更包含了作者对世事的理解、对人生的感悟。该书现收藏于巴州区图书馆。

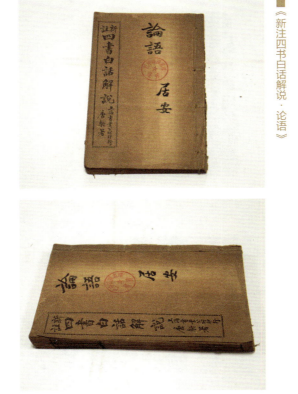

《新注四书白话解说·论语》

《黄帝素问》

王冰注，林亿等校正，民国十七年（1928）商务印书馆出版。本书是现存最早的中医理论著作，相传为黄帝创作，实际非出自一时一人之手，大约成书于春秋战国时期。原来九卷，古书早已亡佚，后经唐代王冰订补，改编为二十四卷，计八十一篇，定名为《黄帝内经素问》，所论内容十分丰富，以人与自然统一观、阴阳学说、五行说、脏腑经络学为主线，论述摄生、脏腑、经络、病因、病机、治则、药物以及养生防病等各方面的关系，集医理、医论、医方于一体，保存了《五色》《脉变》《上经》《下经》《太始天元册》等二十多种古代医籍，突出阐发了古代的哲学思想，强调了人体内外统一

的整体观念，从而成为中医基本理论的渊源。该书现收藏于巴州区
图书馆。

《朱子治家格言》

江苏苏州朱柏庐撰，民国十七年（1928）刻本。又名《朱子家
训》，是以家庭道德为主的启蒙教材。全文仅五百四十二字，精辟地
阐明了修身治家之道，是一篇家教名著。其中，许多内容传承了中
国传统文化的优秀特点，如居身务期质朴、教子要有义方、勤俭持
家、邻里和睦等，在今天仍然有现实意义。该书现收藏于巴州区界
牌村博物馆。

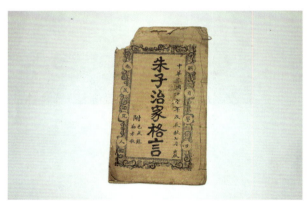

《朱子治家格言》

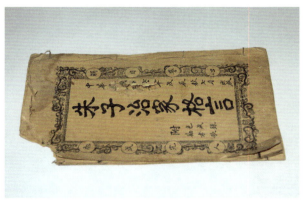

《周易》

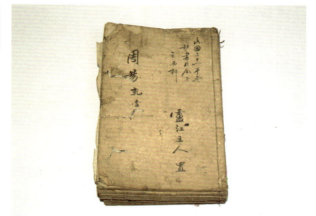

《周易》

　　民国二十二年（1933）刻本。人们常说的《周易》包括《经》和解经的《传》两大部分。六十四卦的卦辞与三百八十四爻的爻辞，称为《经》，分为《上经》三十卦、《下经》三十四卦。《彖》上、下，《象》上、下，《系辞》上、下，《文言》，《说卦》，《序卦》，《杂卦》，为《易传》，是后人对《经》的阐释，共七种十篇，又称"十翼"。《周易》博大精深，弥纶万有，对中华民族思想文化的影响至深且巨，是古圣先贤的经邦济世之书，在世界文明史上也产生过重大的影响。该书现收藏于巴州区图书馆。

《周礼正义》

浙江温州孙诒让著，民国二十二年（1933）商务印书馆出版。本书共二十四册，八十六卷。始撰于同治末年，历二十载而成。自称"处今日而论治，宜莫若求其道于此经"，故"宣究其说，由古义古制以通政教之闳意眇恉"（叙）。认为《周礼》之最古经本为唐石经，其最精之注本为明嘉靖仿宋本。遂以此二本为主，间有讹脱，则以孟蜀石经及宋刻诸本，参校补正。以《尔雅》《说文》正其训诂，以《仪礼》《大戴礼记》《小戴礼记》证其制度。又博采汉唐至清乾嘉诸经儒旧诂，"参互证绎"，以发郑玄注本之"简奥"，补贾公彦疏本之"遗阙"（同上）。其于古义古制，疏通证明，较之旧疏为详。该书

《周礼正义》

现收藏于巴州区图书馆。

《老子》

　　浙江吴兴潘公展、福建永春邱维廉编，民国二十二年（1933）胜利出版社出版。《老子》是中国古代著名经典之一，共八十一章，多为韵文，分道经和德经两部分，所以又称《道德经》。与《庄子》如双峰并峙，是先秦道家学派的代表性著作。《老子》五千言，重在详尽论述作为宇宙本体、万物之源和运动规律的天道，并将这种天道关照人道，指导治国和修身，直面现实社会，涉及宇宙、自然、社会、人生的各个方面，用朴素的辩证思维构建起独特的理论体系。

该书现收藏于巴州区图书馆。

《国语》

左丘明著，叶玉麟选注，民国二十二年（1933）商务印书馆出版。《国语》又名《春秋外传》或《左氏外传》。相传为春秋末鲁国的左丘明所撰，但现代有的学者从内容上判断，认为是战国或汉后的学者托名春秋时期各国史官记录的原始材料整理编辑而成的。《国语》是中国最早的一部国别体史书，凡二十一卷（篇），分周、鲁、齐、晋、郑、楚、吴、越八国记事。记事时间，起自西周中期，下迄春秋战国之交，前后约五百年。该书现收藏于巴州区图书馆。

《管子集解》(下册)

赵宗正撰，民国二十二年（1933）上海广益书局出版。该书以《管子》为研究对象，五十篇，即从《管子·心术上》第三十六开始，到《管子·轻重庚》第八十六篇（亡）。实际上，该书通解《管子》四十三篇，第六十至第六十三篇、第七十篇、第八十二篇、第八十六篇亡佚无解。该书每一篇在内容的安排上如下：首先作者释篇名，本篇的基本内容，如《心术上》第三十六，"心术上：此指心术上篇，其下篇序次第三十七，见后。心术，意即心的功能。"……本文的基本内容在于论述心的功能及修养内心的方法。该书现收藏于巴州区图书馆。

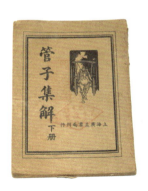

《管子集解》(下册)

《淮南子》

　　安徽寿县刘安著，浙江桐乡沈德鸿选注，民国二十二年（1933）商务印书馆出版。《淮南子》著录共分为内二十一篇、中八篇、外三十三篇，内篇论道，中篇养生，外篇杂说。以道家思想为指导，吸收诸子百家学说，融会贯通而成，是战国至汉初黄老之学理论体系的代表作。在阐明哲理时，旁涉奇物异类、鬼神灵怪，保存了一部分神话材料，如"女娲补天""后羿射日""共工怒触不周山""嫦娥奔月""塞翁失马"等古代神话，主要靠本书得以流传。该书现收藏于巴州区图书馆。

■ 《淮南子》

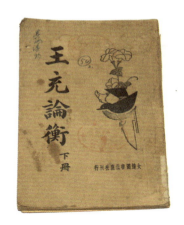

《王充论衡》(下册)

浙江绍兴王充著,民国二十二年(1933)大达图书供应社出版。《论衡》是王充的代表作品,也是中国历史上一部不朽的无神论著作,现存文章有八十五篇(其中的《招致》仅存篇目,实存八十四篇)。该书被称为"疾虚妄古之实论,讥世俗汉之异书"。该书现收藏于巴州区图书馆。

《淮南子集解》

安徽寿县刘安著,民国二十三年(1934)广益书局出版。以庄

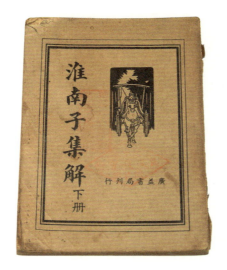

遂吉校本为底本，以清代钱塘《淮南天文训补注》做附录。在本书的编纂过程中，旁征异文，博采众说，汇集了王念孙、孙诒让、俞樾、洪颐煊、陶方琦、王引之、钱大昕、梁履绳、桂馥、孙志祖、顾炎武、刘绩、郝懿行、胡鸣玉等二十余家的说法，取其要旨。并引用《艺文类聚》《北堂书钞》《初学记》《白帖》《意林》《太平御览》等唐、宋类书的精华部分对《淮南子》作注。其资料丰富、条理清楚、见解独特。该书现收藏于巴州区图书馆，只存下册。

《文心雕龙》

山东日照刘勰著，庄适选注，民国二十二年（1933）商务印书馆出版。本书是中国南朝文学理论家刘勰创作的一部文学理论著作，共十卷五十篇（原分上、下部，各二十五篇），以孔子美学思想为基础，兼采道家，全面总结了齐梁时代以前的美学成果，细致地探索和论述了语言文学的审美本质及其创造、鉴赏的美学规律。本书选注者是我国第一套小学国文课本的主要编辑者。该书现收藏于巴州区图书馆。

《大学恒解》

四川双流刘沅著，民国二十二年（1933）商务印书馆出版。刘

《文心雕龙》

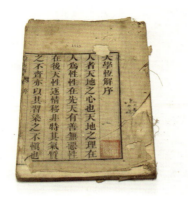

《大学恒解》

《新注四书白话解说·孟书全篇》

沉在朴学风靡、程朱理学高居庙堂之时，不媚时学，不慕权威，以宋学为方法，以《大学》为门径，向位居正统的朱子《大学章句》展开不遗余力的批判，试图匡正朱子之误。该书现收藏于巴州区图书馆。

《新注四书白话解说·孟书全篇》

山东历城江希张注，民国二十二年（1933）上海书业公所出版。本书是关于《孟子》的详细讲解、注释，全面具体，内容准确，其中更包含了作者对世事的理解、对人生的感悟。该书现收藏于巴州区图书馆。

《绘图新注四书白话解说》

山东历城江希张注，民国上海书业公所石印本。本书是关于"四书"的详细讲解、注释，全面具体，内容准确，其中更包含了作者对世事的理解、对人生的感悟，语言浅显易懂，解说新鲜明晓，富有文化底蕴。该书现收藏于巴州区图书馆。

《广韵》

江西抚州陈彭年等撰，民国二十二年（1933）商务印书馆出版。收字二万六千余个，分为二百零六韵。其中平声五十七韵，上声五十五韵，去声六十韵，入声三十四韵。每一韵中，同音字排在一

《绘图新注四书白话解说》

起，称为"小韵"。每一小韵第一字注明反切和同音字数目，其他字不再注音。注解是先释义后注音，有异读者分别注明又音。韵书本应为诗赋写作需要而撰，以讲字音为主。本书增加大量注解，故可视作大型同音字典。书中保存大量中古汉语反切，并构成严密的语音系统，可以此为枢纽，上溯古音，下推今音。该书现收藏于巴州区图书馆。

《元曲选》

浙江长兴臧晋叔校，民国二十二年（1933）商务印书馆出版。元代杂剧作品选集，又名《元人百种曲》。全书收入杂剧一百种，约

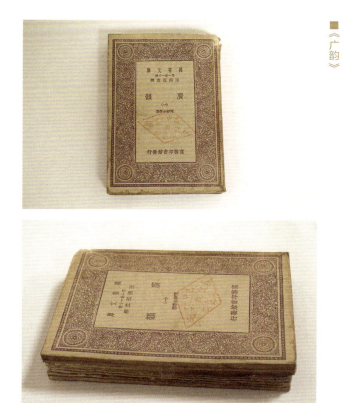

■ 《广韵》

占现存元代杂剧的三分之二，其中包括元明之际作品六七种，科白完整，比较忠实于原作。除此之外，《元曲选》附录六种：《天台陶九成论曲》论角色名目来源并北杂剧常用的，属于五宫四调的五百多种曲牌等；《燕南芝庵论曲》主要谈声乐理论；《高安周挺斋论曲》着重论音律；《吴兴赵子昂论曲》论杂剧俗雅；《丹丘先生论曲》论杂剧角色名目来源等；《涵虚子论曲》论杂剧分类及元代杂剧作家的风格特色。这些都是元代及明初的一些重要戏曲论著。此外，还有《元曲论》涉及杂剧音律言调、元代杂剧家、杂思名目、元代知音善歌之士的姓名及简要事迹等内容。这些附录所涉及的戏曲理论，都为元代杂剧的研究提供了资料。该书现收藏于巴州区图书馆。

《天工开物》

江西奉新宋应星著，民国二十二年（1933）商务印书馆出版。世界上第一部关于农业和手工业生产的综合性著作，是中国古代一

部综合性的科学技术著作，有人也称它是一部百科全书式的著作，记载了明朝中叶以前中国古代的各项技术。该书现收藏于巴州区图书馆。

《槐轩约言》

四川双流刘沅著，民国二十二年（1933）刻本。是刘沅经学类著作"四子六经"集：《大学恒解》《中庸恒解》《论语恒解》《孟子恒解》（"四子"）以及《诗经恒解》《书经恒解》《周官恒解》《仪礼恒解》《礼记恒解》《周易恒解》《孝经恒解》（"六经"）（三礼合为一经）；理学著作《槐轩约言》《子问》《又问》《正讹》《拾余四种》《俗言》；文

《槐轩约言》

史著作《史存》《明良志略》《槐轩杂著》《壎篪集》；医学著作《医理大概约说》；教育著作《蒙训》《下学梯航》等。该书现收藏于巴州区图书馆。

《宋六十名家词》

江苏常州毛晋编，民国二十二年（1933）商务印书馆出版。现存汇刻宋词中刻印最早的一部总集，收录晏殊《珠玉词》至卢炳《烘堂词》共六十一家宋词（北宋二十三家，南宋三十八家），每家后均有跋语，简要介绍词人和作品风格。不过此书校勘疏略，错误甚多。编者又往往将原本卷数任意合并，如柳永《乐章集》和欧阳修《六一词》，原为六卷，是书合为一卷。而所补遗词，亦不可尽信，如秦观《淮海词》及周邦彦《片玉词》的补遗，均未作考证。该书现收藏于巴州区图书馆。

《东莱博议》

宋代吕祖谦撰，民国二十一年（1932）上海广益书局出版。东莱博议一般指左氏博议。该作品针对《左传》所载的治乱得失之迹，分篇而议，凡一百六十八篇。每篇立有标题，题下以小字引录有关传文，其后是作者的论议。《左传说》中那种浓烈的史论色彩已多不存，更多的是道德伦理的说教。然文笔奇巧，设比取喻，翻空出奇，

■《东莱博议》

■《说文解字段注》

纵横捭阖，颇类《战国策》与苏东坡策论文的风格。该书现收藏于巴州区图书馆。

《说文解字段注》

江苏金坛段玉裁注，民国二十五年（1936）上海新华书局铅印本。本书是有关《说文解字》注释、研究著作中用力较深、较有成就的一部。该书共三十卷。全面阐述了汉字的构造原则，对经字、音

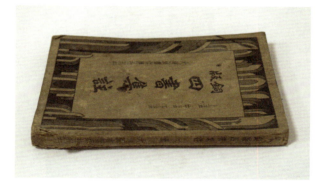

韵亦多有创见。书后附有《六书音韵表》，根据《诗经》的用韵和谐声，分古韵为六类十七部，也是古音学的重要著作。该书现收藏于巴州区图书馆。

《铜版四书集注》

江西婺源朱熹注，民国二十五年（1936）大达图书供应社出版。朱熹重述二程的观点和做法，特别尊崇《孟子》和《礼记》中的《大学》《中庸》，使之与《论语》并列。他为四者分别作了注释，对大学还区分了经传并重新编排了章节，作为一套书同时刊行。《大学》《中庸》的注释称"章句"，《论语》《孟子》的注释引用二程、程门弟子及其他人的说法较多，称"集注"。后人合称《四书章句集注》。该书现收藏于巴州区图书馆。

《铜版易经集注》

江苏常州冯超然著，民国二十五年（1936）上海鸿文书局出版。在研经思路上，以象数为方法，以义理为旨归，以《系辞传》"错综其数""非其中爻不备"二语贯串上下经六十四卦，纵横推阐，多有创获。具体来说，其注皆先释象义、字义及错综义，然后训本卦本爻正意，参互旁通，自成一说。通过该书，读者将对《周易》所用的"错""综"等阐释方法有更深入理解。该书现收藏于巴州区图书馆。

《铜版易经集注》

《孟子疏义》（上下册）

四川南充王恩阳著，民国二十七年（1938）上海佛学书局出版。《孟子疏义》虽然是儒家著作，但作者王恩阳却是著名的佛学家。他以佛学贯通儒学，在书中他提出儒者立命修身之道在仁与义，孟学就是仁义之学，仁义即人生的正道，亦与佛道相通。该书现收藏于巴州区图书馆。

《经典常谈》

浙江绍兴朱自清著，民国三十一年（1942）国民图书出版社出版。国学研究专著，原名《古典常谈》。该书是学术性的普及读物，一共十三篇，每一篇都是专题研究的成果。它按照传统的经、史、子、集的顺序，把中国古代重要文献典籍的基本知识，用简练明晓的文字加以介绍，真正做到了深入浅出。该书现收藏于巴州区图书馆。

《孟子疏义》（上下册）

《孟子学说底新评价》

　　马绍伯著，民国三十二年（1943）国民图书出版社出版。本书是对孟子著作的注疏。作者有感于日军入侵，并没有采用传统的程朱理学注释方式，而是引入了西方自然科学思想，用小标题的形式归纳出孟子七篇要义，与三民主义理论相结合，并互相渗透，将孟子思想与当时的社会现实尤其是抗日战争紧密联系在一起，力图赋

予孟子思想以时效性和现实意义。该书现收藏于巴州区图书馆。

《孔子》

　　河南正阳黎东方编著，民国三十三年（1944）胜利出版社出版。本书细致地介绍了孔子一生的事迹和为人、为学、为政的学说，而且还比较详细地介绍了孔子之前的人类社会、春秋时期的时代现状、孔子的弟子以及在孔子之后的主要思想家。黎东方在此部分把孔子置于"集大成者"和"百世师"的地位。该书现收藏于巴州区图书馆。

《墨子》

河北深县罗根泽著，民国三十三年（1944）胜利出版社出版。作者根据自己的所见所学，对墨子提出新的见解。他提出所引墨子原著中《诗经》《尚书》与儒家修饰润色并传至后世的《诗经》《尚书》有所不同，其文字差异很大。同时他指出，《墨子》引《尚书》的二十九则，与今传《尚书》的二十六则也是有差异的。该书现收藏于巴州区图书馆。

《老子章句新释》

山东淄博张墨生著，民国三十五年（1946）东方书社出版。全

《墨子》

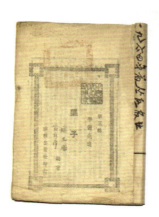

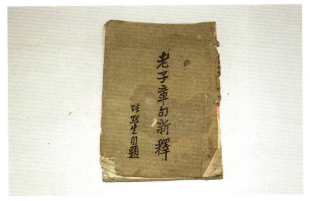

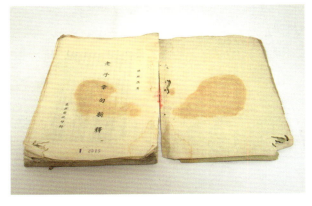

书由《自序》《注释凡例》《老子叙论》《上篇》《下篇》和《老子章句异同考》五个部分组成。在《叙论》中，作者介绍了各家关于老子其人及其书的观点，概述了老子的学说。关于老子的本体论，作者认为老子的所谓道，是用理智和言语不能解说的，是恍惚抽象而又真实具体的，是无为而无不为的，实际上指宇宙的实体，是大自然的现象。关于名相论，作者认为，老子既将道视为绝对的，不能分析的，不可言说的，即将道归于"无"，所以老子反对人为之名，主张无名之名，即所谓"常名"。常名是道的名相，道乃常名的本体。然而"常名"的状态不可长保，如"道"本生于"无"，但不久"一"即从"道"生而有"一"之名，"二"从"一"生而有"二"之名，"三"又从

"二"生，万物更从"三"生而有"三"与"万物"之名。于是名物滋起，而有是非善恶以及世间种种之区别相。老子阐明相对之理，以破世人之执迷，而自己仍主张"绝对的道"。关于功用论，作者认为老子的功用论可一言以蔽之，即"无为而无不为"，就是用"无为"的方法以达到"无不为"的目的。这是他的本体论的自然的推演、必至的趋势。该书现收藏于巴州区图书馆。

《老子注》

任真子、李荣著，民国三十六年（1947）刻本。《老子》是第一部系统地阐述玄学理论的著作，奠定了一代新学说，标志着哲学由宇宙论向本体论、由神学向思辨哲学的转变，代表和影响了一个时

《老子注》

代哲学发展的趋向。通过对本末、静动、体用、一多等范畴，探讨本体世界"无"和现象世界"有"所构成的多重关系。本书分二册，对老子学说进行批注。该书现收藏于南江县图书馆。

《原儒》

湖北黄冈熊十力著。民国刻本。本书为熊十力新儒学思想代表作。上、下两卷。上卷包括"绪言""原学统""原外王"三篇，下卷包括"原内圣"篇及附录《六经是孔子晚年定论》。书中论述了儒学的渊源流变，对儒家哲学、政治、经济、法律、道德等学说作了全面的清理和发挥，并评判了道佛诸家的得失。还注意发掘儒家经典

《原儒》

中的民主思想，重视孔子的人生观和宇宙观，强调道德人格的主体意识。重申了本体与现象、道器、天人、心物、动静、知行、理欲、德慧与知识、成己与成物等对立事物为"不二"的论点。本书发展了《读经示要》的思想，揭示了晚周儒学之不同于西方和印度文化的特殊价值，影响较大。该书现收藏于巴州区图书馆。

《四书提注·大学》

作者不详，民国翻印本。《大学》是一篇论述儒家修身治国平天下思想的散文，是一部中国古代讨论教育理论的重要著作。宋、元以后，《大学》成为学校官定的教科书和科举考试的必读书。提注是

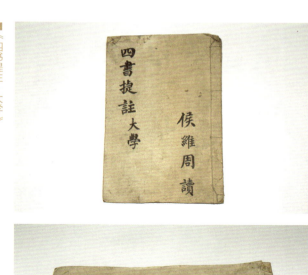

《四书提注·大学》

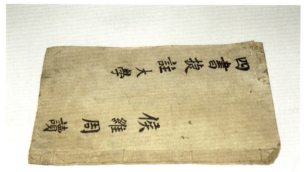

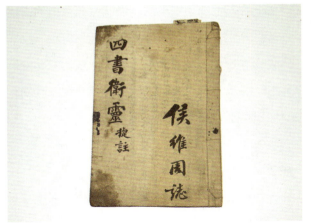

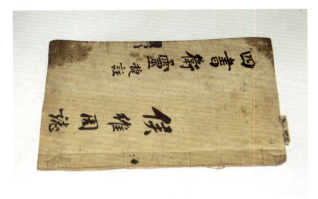

古书注释的方式之一，即对《大学》中比较生疏的文字和典故用旁批的方式进行解释。该书现收藏于巴州区界牌村侯维周家。

《四书卫灵提注》

作者不详，民国翻印本。《卫灵公》出自《论语》，包括四十二章，本篇内容涉及孔子的"君子小人观"的若干方面、孔子的教育思想和政治思想，以及孔子在其他方面的言行。本书是对《卫灵公》中比较生疏的文字和典故用旁批的方式进行解释。该书现收藏于巴州区界牌村侯维周家。

《四书中庸提注》

　　作者不详,民国翻印本。《中庸》是中国古代论述人生修养境界的一部道德哲学专著,儒家经典之一,其内容上肯定"中庸"是道德行为的最高标准,认为"至诚"则达到人生的最高境界,并提出"博学、审问、慎思、明辨、笃行"的学习过程和认识方法。本书还对《中庸》中比较生疏的文字和典故用旁批的方式进行了解释。该书现收藏于巴州区界牌村侯维周家。

《说文解字》（十五卷）

河南漯河许慎著，民国商务印书馆出版。本书是由东汉经学家、文字学家许慎编著的语文工具书著作，是中国乃至世界第一部字典、中国最早的系统分析汉字字形和考究字源的语文辞书，为汉字建立了理论体系，开创了部首检字法的先河，是科学文字学和文献语言学的奠基之作，在中国语言学史上具有重要地位。本书为王筠注的汲古阁藏版，存四册。该书现收藏于南江县图书馆。

《唐诗合解》

江苏苏州王翼云注，民国经文堂刻本。本书为诗歌选集，共二

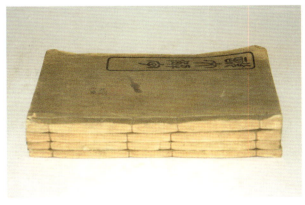

《说文解字》（十五卷）

册。将古诗、唐诗选录合编予以笺释注解之，所选上古至唐古、近体诗及隋代乐府共八百首，按古风、绝句、律诗、排律分体编次。选录之诗，多为格调平稳、词意悠长而又明白晓畅，被多人传诵。对于诗之关键词句与典故，有笺释注解，并解说诗之做法及旨意，且有深入浅出、详而不繁的说明。该书现收藏于南江县图书馆。

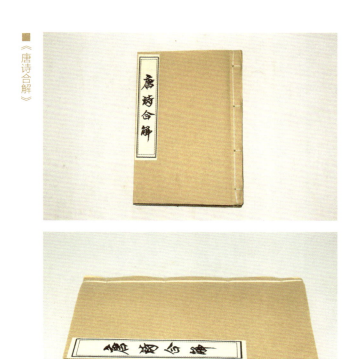

■《唐诗合解》

第四节　人物传记

《司马光》

　　江苏无锡孙毓修编，民国六年（1917）商务印书馆出版。人物传记。本书分十章，讲述了司马光少年时代注《孝经》、反对新法、撰写《资治通鉴》等生平，每章先叙述名人的生平事迹，后加以作者的评论，均用文言文写成，保持了中国传统作史传的鲜明特色，是优秀的青少年读物。该书现收藏于巴州区档案馆。

■ 《司马光》

《苏格拉底》

　　山东聊城黄方刚著，民国二十年（1931）商务印书馆出版。本书根据柏拉图和色诺芬的原著，并参考《大英百科全书》中"苏格拉底"一文与柏奈特的《希腊哲学史》而写成。全书共分三章。第一章"导言"介绍了苏格拉底前与苏格拉底时的希腊文化情况，包括当时的社会状况、政治组织、艺术与哲学思想等。第二章"苏格拉底传"介绍了苏格拉底的生平、性格和教育情况，以及苏格拉底被告、被审与苏格拉底之死的真相。第三章讲述了苏格拉底的哲学，包括他的知识论、伦理学及其影响。作者认为，苏格拉底的言行是绝对一致的，他的人格与其学说简直难以分开，我们也无法将其人格的影响与其学说的影响分开，他的人格对普通人而言，直到现在还是最高的目标，是道德感化的一个源泉。该书现收藏于巴州区图书馆。

《孙武子》

　　云南大理杨杰编著，民国三十三年（1944）胜利出版社出版。本书为春秋末期杰出的军事家和军事理论家孙武的传记。作者杨杰是我国近代著名军事理论家和军事教育家，素有"兵学泰斗"之盛名。他从军事学的角度，详细总结了孙子的战争、国防、政治、外交和经济思想。该书现收藏于巴州区档案馆。

■《孙武子》

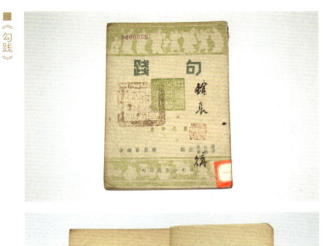

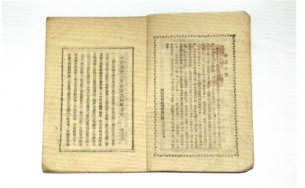

《勾践》

山西万泉卫聚贤编著。民国三十三年（1944）胜利出版社出版。为春秋五霸勾践所作的传记。作者综合了《国语》《左传》《史记》《吴越春秋》等史料，记录了勾践即位败吴、兵败求和、卧薪尝胆、助吴伐齐、乘虚入吴、灭亡吴国、会盟称霸的过程，史料详尽，浅显易读。该书现收藏于巴州区档案馆。

《秦始皇帝》

江苏苏州顾颉刚著，民国三十三年（1944）胜利出版社出版。作为史学大家，本书是顾颉刚唯一一次为历史人物所作的传记。全书分六章，始皇的幼年、统一的基础——历代先君之功业、统一的完成、秦帝国的规模、帝权的保持和享用、帝国的崩溃，记录了秦从统一六国再到灭亡的过程。该书现收藏于巴州区档案馆。

《班昭》

浙江海盐朱倓编著，民国三十三年（1944）胜利出版社出版。《班昭》是朱倓从研究中国女学的角度，用学术的方式解读班昭。全书共分中国女学起源、汉魏六朝女学、科技时代女学、女学兴起与发扬、班昭在女学中的核心作用等部分，详细阐述女学的理念。该书现收藏于巴州区档案馆。

■ 《秦始皇帝》

■ 《班昭》

《玄奘》

　　浙江平阳苏渊雷编著，民国三十三年（1944）胜利出版社出版。本书为唐代高僧玄奘传记。本书以玄奘西行求法为主线，再现他光大佛法、传承文化的远大理想，回报祖国、利益人民的爱国情怀，为法忘躯、普度众生的担当精神，追求真理、一丝不苟的求实精神。该书现收藏于巴州区档案馆。

《徐光启》

　　浙江杭州方豪编著，民国三十三年（1944）胜利出版社出版。本书是徐光启传记。作者介绍了其在天文、数学、生物学和农学等

《徐光启》

方面均有伟大的成就，特别是他在中国科学翻译史上创造了多项第
一：第一个译传西方科学书籍；第一个译传西方几何学，从而也是
第一个引入西方严密的逻辑推理思想；第一个译传西方天文测量仪
器技术，特别是第一个领导制作了望远镜；第一个译传西方提水机、
抽水机、打井及水库技术。该书现收藏于巴州区档案馆。

《曾国藩》

　　江苏铜山萧一山编著，民国三十三年（1944）胜利出版社出版。
该书深刻透辟地分析了曾国藩政治和学术思想的形成、发展、演变及对后世的影响；深入归纳了曾国藩的用人方略，概述了以曾国藩及其幕府为核心的政治集团的形成、发展、分化和主要特征、作用。同时，历史地、科学地、实事求是地总结评价了曾国藩的历史功过和历史作用。它也是第一部全面评述曾国藩的著作，详细介绍了曾国藩的生平经历和主要事迹，重点记述曾国藩镇压太平天国运动、捻军起义的过程。全文观点鲜明精当，见解深刻独到，是中国近代史研究和历史人物传记创作上一部不可多得的力作。该书现收藏于巴州区档案馆。

《曾国藩》

《梁启超》

　　浙江海宁吴其昌编著，民国三十三年（1944）胜利出版社出版。本书稿为历史学家吴其昌为老师梁启超撰写的一部传记，贯穿了梁启超整个青年时期，涉及从梁启超出生到戊戌变法失败这二十五年间的中国历史。在写法上，作者秉承了其师梁启超著《李鸿章》时所开创的传记章法，"以一个伟大人物对于时代有特殊关系者为中心，将周围关系归纳其中，横的竖的，网罗无遗"，使得读者在了解梁启超事迹的同时深入理解相关历史。该书现收藏于巴州区档案馆。

《朱元璋传》

浙江义乌吴晗著，民国三十八年（1949）新中国书局出版。本书为朱元璋传记。在书中，一个历经艰辛磨难、乞讨度日的小流氓和英勇睿智、气度恢弘的统帅，一个勤政爱民、夙兴夜寐又猜忌心极重、杀戮成性的矛盾复杂多面的帝王形象活灵活现。该书现收藏于巴州区档案馆。

《孙中山》

周哲著，民国三十八年（1949）三联书店出版。孙中山先生传

记，约二万字。分"两个故事""改良主义思想的萌芽""在伦敦被捕""对敌人的幻想""和改良主义者分手""又一次错误""中了反革命分子的诡计""二次革命""在通向人民的路上摸索""五四运动给他的影响""一个不同的和平统一""一个中国革命巨人死了"等十二个部分。该书现收藏于巴州区档案馆。

《陶行知》

河南杞县杜麦青著，民国三十八年（1949）新中国书局出版。本书为人民教育家、思想家陶行知的传记。本书讲述了陶行知为中

■ 《孙中山》

国教育寻觅曙光，为劳苦大众探获生路，为中国的民主、自由、和平、解放而不屈不挠的奋斗一生。该书现收藏于巴州区档案馆。

《陶行知》

第五节　教育体育

《新订增篆字典》

佚名，民国二年（1913）上海鸿宝斋书局刊刻。是五本合售的康熙字典，包括子丑集、寅卯辰集、巳午集、未申集、酉戌集。字典采用部首分类法，按笔画排列单字，字典全书分为十二集，以十二地支标识，每集又分为上、中、下三卷，并按韵母、声调以及音节分类排列韵母表及其对应汉字，共收录汉字四万七千零三十五

《新订增篆字典》

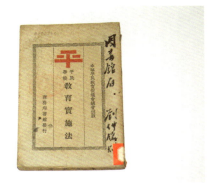

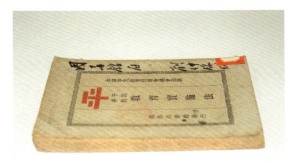

个，为汉字研究的主要参考文献之一。该书现收藏于巴州区图书馆。

《平民学校教育实施法》

中华平民教育促进会编，民国十七年（1928）商务印书馆出版。本书记录了定县实验中极为重要的一部分——教育教学的实施。在当时，教育并不被百姓所看重，实施难度极大，为此平民教育促进会进行多方调研，用科学的方法制定教程，确保了平民教育的顺利推行。该书现收藏于巴州区档案馆。

《古文对照之古文笔法篇目录》

安徽泾县胡怀琛编辑、吴曼青校点，民国二十年（1931）世

界书局出版。本书集古文百篇（自周秦迄于明代）按笔法特点分为"三十二法"，每类中篇数不等，以短简浅显为主，难解文句有简明注释，不少篇目附有清人林西仲评语，可资参照。每篇附有白话译文，可帮助读者阅读和理解。唯笔法分类欠准确，有的还有交叉、摘段为篇的，论笔法也有不当之处。此书对研究写作技巧和指导写作有参考价值。该书现收藏于巴州区图书馆。

《公民教育》

天津熊子容著，民国二十二年（1933）商务印书馆出版。现代教育的目标，不仅是在于知识的灌输和技能的养成，最重要的是在于训练一个有用的公民。本书罗列了八个现代国家公民教育的制度，及其最近的趋势，可说是集现代各国公民教育之大成。研究公民教育者，手持一编，审度国情，择其善者而从之，对于我国公民教育的改进，确有不少贡献。该书现收藏于巴州区图书馆。

《小学课程研究》

江苏连云港朱智贤著，民国二十二年（1933）商务印书馆出版。本书分三编，对课程的概念、课程的原理和课程的编制进行了研究，可以作为教师培训指导用书。该书现收藏于巴州区图书馆。

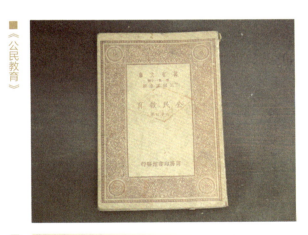

《公民教育》

《小学课程研究》

《小学工用艺术科教学法》

何明斋著，民国二十二年（1933）商务印书馆出版。小学手工课程教师方法指导书。全书由绪论、工用艺术科一般的教学方法、各种工艺教学法三部分组成。工用艺术科一般的教学方法中，讲了工场的设备、材料的管理、工具的管理、标本的搜集、教材的种类、教材的选择、教材的排列、教学的方法、教学的过程、订正及指导的注意、成绩的考查、成绩的处理十二项内容。该书现收藏于巴州区图书馆。

《小学卫生科教学法》

江苏苏州程瀚章著，民国二十二年（1933）商务印书馆出版。

本书从卫生科教学的目标、内容、教材、教程、教学法要点、考查、与其他科的联系、成绩的考察等八个方面详细阐释了如何进行卫生科的教学。该书现收藏于巴州区图书馆。

《小学音乐科教学法》

陈仲子著，民国二十二年（1933）商务印书馆出版。本书系统

《小学卫生科教学法》

《小学音乐科教学法》

阐明了音乐课程内容设置、教学方法、教材法、歌唱教学及视唱练耳等有关音乐教学的内容，给当时的师范和小学音乐教学提供了可供参照的理论支撑，对提高师范和小学音乐教学质量产生了直接的作用。该书现收藏于巴州区图书馆。

《训练法》

浙江上虞范寿康著，民国二十二年（1933）商务印书馆出版。本书是儿童教育书籍，作者范寿康是民国著名教育家、哲学家。全书共有八章，分别从训练的意义、目的、原理、种类、机会、材料、方法和儿童的气质性（内在素质）、年龄、性别与训练的关系这八个方面来阐述如何进行儿童行为训练及道德养成教育。该书现收藏于

《训练法》

■《体育概论》

■《乒乓》

巴州区图书馆。

《体育概论》

　　陈咏声著，民国二十二年（1933）商务印书馆出版。适用于体育类各专业学生基础课程教学之用，也适用于体育院校非专业的学生学习体育基本理论，同时对体育教师、教练员以及体育理论工作者具有一定的参考价值。该书现收藏于巴州区图书馆。

《乒乓》

　　福建漳州曾乃敦著，民国二十二年（1933）商务印书馆出版。

本书为乒乓球技战术指导书。全书共有五章，从平时训练、比赛要诀、左右手击球法三个方面，详细介绍了乒乓球运动国内外发展的历史，乒乓球运动的教学、训练、科研、裁判、竞赛组织和编排，本书既有较为详细的理论阐述，又有基于实战的方法和手段介绍，基本上反映了该项目比较完整的学科体系和教学内容。该书现收藏于巴州区图书馆。

《下等植物分类学》

浙江绍兴杜亚泉著，民国二十二年（1933）商务印书馆出版。低等植物就是藻类植物、菌类植物、地衣类植物三个大类的总称，作者在书中将这三大类植物分成十二门，并详细介绍了每门内的植物有哪些及对应的生长习性。作者是我国植物学先驱。该书现收藏于巴州区图书馆。

《动物生态学》

浙江海宁费鸿年著，民国二十二年（1933）商务印书馆出版。本书是生物学专业教材。动物生态学是研究动物与外界关系的学科。作者费鸿年是我国动物生态学方面的先驱和权威。全书分为四个章节，详细介绍了各个种类生态学、比较生态学、群聚生态学、实验生态学的研究范围、研究方法及初期研究成果。该书现收藏于巴州

《动物生态学》

区图书馆。

《寄生物》

拉配齐、杜其垚著，民国二十二年（1933）商务印书馆出版。本书是生物学专业著作，从动物性寄生物、植物性寄生物和微生物寄生物三方面出发，分析了这三类寄生物的习性、环境和如何防治等问题。该书现收藏于巴州区图书馆。

《农业教育》

湖南新化杨开道著，民国二十二年（1933）商务印书馆出版。

《寄生物》

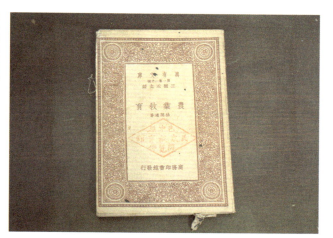

本书先对现行我国各级农校进行批评，次述实施全国农业教育之计划，最后论新学制实行后各省农业教育之办法。计划周至，议论切实，是农业教育者的重要参考。该书现收藏于巴州区图书馆。

《商业教育》

浙江诸暨李权时著，民国二十二年（1933）商务印书馆出版。本书共分五章，详细介绍了商业教育的定义。商业教育是指在教育机构中传授涉及商业领域的学科，包括管理学、金融学、市场营销、会计学等。商业教育的起源可以追溯至19世纪中叶，在过去的

《商业教育》

《商业算术》

一百五十年间，商业教育经历了多次改革与发展。该书现收藏于巴州区图书馆。

《商业算术》

徐任吾著，民国二十二年（1933）商务印书馆出版。本书兼重商业习惯与计算数理。凡重要商业日常所通有之计算问题，如折扣、损益、佣金、捐税、运输、保险，以及利息贴现汇兑、债券、年金基金等复杂问题，均详示计算之方法、商业之习惯与通用之术语，俾学省得以研究之结果，运用于商业计算，以造成敏捷准确之商业人才。该书现收藏于巴州区图书馆。

《元素之研究》

福建长乐郑贞文著，民国二十二年（1933）商务印书馆出版。全书共十四章，作者从元素的意义出发，详细叙述了各类元素的发现史，这些元素或是原始既有，或是在研究中发现，最后总结了截至目前发现的元素。书中配有实验图例，介绍提炼元素的方法。本书是民国化学教科书之一，曾被沿用三十余年。该书现收藏于巴州区图书馆。

《色彩学纲要》

江苏丹阳吕澄著，民国二十二年（1933）商务印书馆出版。本

《元素之研究》

《色彩学纲要》

《近代印刷术》

书为美术（绘画）专业学生的入门教材，分为光、色、色觉及其应用三个部分，有不少篇幅都是讨论颜料的配比以及如何做实验验证的理论。还专门有一小节讨论民国时期在煤油灯偏黄的灯光下作画的注意事项。该书现收藏于巴州区图书馆。

《近代印刷术》

贺圣鼐、赖彦于著，民国二十二年（1933）商务印书馆出版。本书从地位经济、坚固耐用、节省铅料、取字方便、灯光充足、清洁整齐等几个方面介绍近代印刷术，可以看作是职业院校相关专业的指导书籍。该书现收藏于巴州区图书馆。

《矿物学》

浙江绍兴董常著，民国二十二年（1933）商务印书馆出版。本书为地质学经典著作。全书分为五章，从矿物学、地质学、岩石学、土壤学四个角度，详细介绍了矿物的分类、各类别成分和形成过程，并配以插图便于理解。该书现收藏于巴州区图书馆。

《高等植物分类学》

杜亚泉著，民国二十二年（1933）商务印书馆出版。高等植物就是苔藓植物，蕨类植物，裸、种子植物四个大类的总称。作者在书中将这四大类植物分成十二门，并详细介绍了每门内的植物有哪

■《矿物学》

■《高等植物分类学》

些及对应的生长习性。该书现收藏于巴州区图书馆。

《教育社会学》

浙江永康卢绍稷著，民国二十二年（1933）商务印书馆出版。本书主旨在使教育社会学成果中国化，采用系统的研究法，兼顾理论与实用两方面。全书计分两大篇：第一篇详述社会学诸原理，分析教育上最有关系的社会团体；第二篇将教育实际问题归到社会学上解决，尤重中国现时教育界之实用。该书现收藏于巴州区图书馆。

《音韵学》

浙江浦江张世禄著，民国二十二年（1933）商务印书馆出版。本书分广韵的研究、古音的研究、等韵学、国音学四个方面，详细介绍了中国音韵学的内容和源流，用西方语音学语言学来剖析中国传统音韵学。作者是我国现代语言学的先驱。该书现收藏于巴州区图书馆。

《国语运动》

湖南湘潭黎锦熙著，民国二十二年（1933）商务印书馆出版。详尽记述了自清末以来汉字改革、推行注音字母和国语罗马字、提倡大众语的始末。黎锦熙把中国近代的语文改革运动分为四个时期，即切音运动时期（清末 1900 年以前）、简字运动时期（1900—1911）、注音字母与新文学联合运动时期（1912—1923）、国语罗马字与注音字母推进运动时期（1924— ），并附有《国语运动史纲》所载教育法令分类索引、所引重要论文函牍索引、重要名词索引等。这部著作全面说明和总结了国语运动的有关理论、方法和纲领，是公认的国语运动史上的重要著作。该书现收藏于巴州区图书馆。

《四角号码检字法》

广东中山王云五著，民国二十二年（1933）商务印书馆出版。四角号码，汉语词典常用检字方法之一，用最多五个阿拉伯数字来对

汉字进行归类。四角号码把每个字分成四个角，每个角确定一个号码，再把所有的字按照四个号码组成的四位数的大小顺序排列。它把汉字笔形分为十类——头、横、垂、点、叉、插、方、角、八、小，再分别用数字0—9表示。每个字四个角的笔形按其位置左上、右上、左下、右下的顺序取号。查字时，按四位号码大小查找该字。四角号码取号歌诀是：横一垂二三点捺，叉四插五方框六，七角八八九是小，点下有横变零头。为避免相同号码不便查找，每个字四个号码之外另取一个附号。该书现收藏于巴州区图书馆。

《民众教育》

高践四著，民国二十二年（1933）商务印书馆出版。本书主要指对平民百姓子女的教育，反对"强制教育学"，倡导"自由教育学"，认为强制是发展民众教育的重大障碍、自由则是发展民众教育的必由之路。该书现收藏于巴州区图书馆。

《平民教育：定县的实验》

中华平民教育促进会编，内部资料，民国二十二年（1933）印。《平民教育定县的实验》是世界平民教育之父晏阳初先生写的定县实验报告。晏先生说："平民教育运动的目标，就是要在生活的基础上，为最大多数的国民谋教育的新路，在教育的基础上，谋全民生活的基本建设。"本书对现代中国的教育有极大启示，现收藏于巴州区图书馆。

■《民众教育》

■《平民教育：定县的实验》

■《苏俄新教育概观》

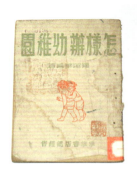

■《怎样办幼稚园》

《苏俄新教育概观》

史美煊编，民国二十二年（1933）商务印书馆出版。苏俄早期新教育缩写本，书中强化了劳动教育的作用，认为"取消一切必要的、合理的教学制度，取消教学计划，完全废除考试和家庭作业"，不正确地解释教师的作用，过高地估计了劳动在学校中的地位，宣称"生产劳动应当成为学校生活的基础"。该书现收藏于巴州区图书馆。

《怎样办幼稚园》

浙江德清钟昭华编著，民国二十三年（1934）华华书店出版。

作者钟昭华是著名教育家，长期从事幼教工作，先后曾任江苏第四中、中山大学、南京女中、上海大夏大学幼儿师范教师兼附设幼稚园主任，并在抗战时期辗转各地创办幼稚园。她根据多年的实战经验，将办好幼稚园的所有事项详细地分享给想从事幼教事业的人们。该书现收藏于巴州区图书馆。

《复式教育研究》

魏学仪编，民国二十五年（1936）新亚书店出版。本书是小学教师进修系列丛书，详细介绍复式教学的出现及其地位、特点与规律，课堂教学的组织实施，对教育者和受教育者的基本要求，师资

《复式教育研究》

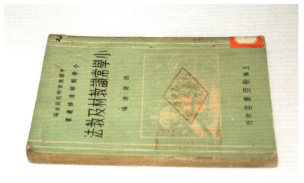

培训，办学目标与未来发展趋势等内容，观点明确，论述全面，具有较强的时代性、理论性和实践性。该书现收藏于巴州区图书馆。

《小学常识教材及教法》

刘乐渔编，民国二十六年（1937）上海新亚书店出版。《小学常识教材及教法》属于民国师范类院校的教材，全书分为八个章节，分别是活用教科书及教学要目、开始教学的方法、一般教材及教法、乡土教材及教法、时事教材及教法、纪念节日教材及教法、国防教材及教法等，完全承袭西方欧美的课程教学方式。该书现收藏于巴州区图书馆。

《国民基础学校的社会活动》

卢显能著，民国二十七年（1938）民团周刊社出版。本书是一本教材，书中分为社会活动释义、社会活动分类、如何开展社会活动等五个章节，详细地介绍中小学校的社会活动，并讲述了许多成功的案例，反映了当年中小学教育的活跃。该书现收藏于巴州区档案馆。

《怎样办理成人班》

陈业勋著，民国二十七年（1938）民团周刊社出版。本书是一本教育类的科普书，书中详细地分为五个章节，阐述成人教育的意

■《国民基础学校的社会活动》

■《怎样办理成人班》

义、办理成人班的认识和准备、招生问题、留生问题、课程编制和教程安排，以及妇女成人班的特殊性，反映了当时成人教育的一些实际情况。该书现收藏于巴州区图书馆。

《中山先生之教育思想》

张志智编著，民国二十七年（1938）正中书局出版。本书是关于孙中山教育思想的学术专著。孙中山从中国的知行哲学和朴素的唯物主义出发，重点阐发了教育在人类的认识过程和知识继承上的重要作用，指出人的知识是经过后天学习得来的，因而教育在人的知识形成与传授中具有重大的作用。在教育目的上，是为了培养革

《中山先生之教育思想》

命与建设的有用人才，民国新教育是为国家造就建设人才。在教育内容上，强调学习西方资本主义国家先进的自然科学与物质文明。该书现收藏于巴州区档案馆。

《乡土教材编辑法》

梁上燕著，民国二十八年（1939）民团周刊社出版。乡土教材是在国家相关教育制度与政策的范围内，结合当地实际特点，一般以学校所在地的自然地理、历史、政治、经济、文化、民族、民俗等为内容编写的教材。本书分四章，对乡土教材的功能与价值、乡土教材与补充教材的定位、乡土教材的编辑原则与方法等进行了简要的论述。该书现收藏于巴州区档案馆。

《抗战与教育》

湖南芷江邱昌渭著，民国二十八年（1939）民团周刊社出版。

■《乡土教材编辑法》

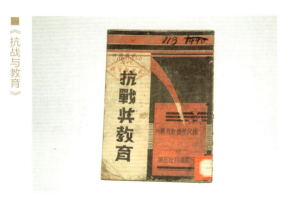

《抗战与教育》

《怎样办理托儿所》

本书成于抗战时期，作者通过大量事例，证明抗日战争与教育发展并不矛盾，而良好的成人教育则能更好地支援抗日战争。作者在书中提到未来战争人多不足以取胜，还要依靠足够的科技与智慧。该书现收藏于巴州区档案馆。

《怎样办理托儿所》

卢显能著，民国二十八年（1939）民团周刊社出版。本书是一本科普图书。民国时期，私塾逐渐没落，幼教同中小学一样流入中国，很受工薪阶层欢迎，同时教育家、资本家开办托儿所。本书正是教人如何开办托儿所，书中将托儿所开办的流程进行详细的梳理，简单明了，通俗易懂。该书现收藏于巴州区图书馆。

■《四川省立南充民众教育馆
廿七年工作概况》

■《广西教育设施概要》

《四川省立南充民众教育馆廿七年工作概况》

四川省立南充民众教育馆编，民国二十八年（1939）印。本书是一本汇报材料。1937年，梁漱溟率领山东乡村建设研究院的大部分人员和物资设备迁到南充，组建四川省立教育（民教）馆，次年一月正式开馆。这份材料真实地再现了当年他们选址、建校、开馆、招工、招生的历程。该书现收藏于巴州区档案馆。

《广西教育设施概要》

卢显能、邱昌渭著，民国二十八年（1939）民团周刊社出版。《广西教育设施概要》归纳了民国二十五年（1936）到民国二十九年

（1940）广西国民基础教育的发展历程，全书分计划、实施、师资、经费等七个方面，阐述了广西的国民基础教育情况。该书现收藏于巴州区图书馆。

《教学技术概要》

江苏阜宁刘百川著，民国三十年（1941）西南印书局出版。本书是著名教育家刘百川的论文集、教学指导书，共三章：一般法则，介绍教学的原则和教学过程如何管理；复式教学，讲述每日课表如何编制及教学程序如何实施；各科教学，讲解如何进行读书、说话、作文、写字、算术、常识、工作、美术等科目的教学，可操作性强。该书现收藏于巴州区档案馆。

《教学技术概要》

《中国社会教育概述》

吴学信著，民国三十一年（1942）国民图书出版社出版。本书详细讲述了民国时期中国社会教育的发展与成长，以及社会教育的体系与方向。书中写道，发展社会教育是汇聚各方力量，完成抗战、复兴民族、改进社会提高文化水平的重要任务。该书现收藏于巴州区图书馆。

《智力与学力》

鲍煜著，民国三十二年（1943）曙社印行出版。《智力与学力》是一本教育类图书，作者用客观的语言告诉读者智力与学力的作用，以及如何更好地运用它们为学习助力。作者在书中提倡劳逸结合，并强调好习惯会使学习事半功倍。该书现收藏于巴州区图书馆。

《小学教材研究》

吴宗望编，民国三十三年（1944）开明书店出版。本书为教材。民国十九年（1930）小学教材研究被列入师范从业者的专业课程，

《智力与学力》

《小学教材研究》

要求师范从业者必须熟悉、掌握小学教材的内容和形式，且给予学生正确引导。书中提出，教育是国家的命脉。该书现收藏于巴州区图书馆。

* 《都市社会学原理》

四川巴中邱致中著，民国三十三年（1944）有志书屋出版。本书是社会学中国化进程中的代表性著作，暨南大学教材。全书分十章，论述都市社会的起源、构成、进化、环境、政策、将来等。书前有都市社会学丛书序。作者认为须用"社区研究"方法来实践中国社会学的本土化目标。该书现收藏于巴州区图书馆。

《都市社会学原理》

《民众教育》

赵冕著,民国三十七年(1948)中华书局出版。本书详细介绍了民国时期民众教育的兴起,实际上是"五四"以来科学民主思潮在社会教育方面的体现。政府、私人团体、教育家皆认识到民众教育的重要性。书中还介绍了民众教育的形式和方法,奠定教育普及的基础。该书现收藏于巴州区图书馆。

《延安一学校》

安徽嘉山程今吾著,1949年东北新华书店出版。本书是程今

《延安一学校》

吾在八路军抗属子弟学校工作的生动实录和教育经验的系统总结。1946 年 4 月写于延安邓家沟，1947 年 7 月修改完毕于太行武安大井村。该书分"是一所革命军人子女保育院""要把生活搞得合理""经过四年八月，每个孩子都平安""生产劳动""社会活动""游戏""建设和创造""思想教育""纪律教育""课程""教育活动""师生之间""工作和做工作的人"等十三部分，全面详细介绍了这所学校的当时情况。该书现收藏于巴州区图书馆。

《陶行知教育论文选辑》

安徽歙县方与严编，民国三十八年（1949）三联书店出版。全文从"教学合一""学生自治""平民教育"等各个方面集中展现了陶行知先生"生活即教育""知行合一"的独特教育思想，深入浅出、通俗易懂，具有很强的现实意义和指导意义。该书现收藏于巴州区图书馆。

《傅氏白话文法九章》

四川江油傅子东著，民国三十八年（1949）江油中坝镇兴中印刷厂印。本书为语法专著。作者认为汉语语法研究中有四大问题，即词的构成、词的种类、词的职务和词的位次，并以此为出发点，逐步建立和发展起他自己的汉语语法体系和语法理论。位次说是其

《陶行知教育论文选辑》

语法理论的核心和特点。所谓词的位次，就是"词典上的词凭借来表现它的功用或执行它的职务，或扮演句子中的成分的唯一的工具或方法"。它还提出了"述性词"的概念。这是其语法理论的又一重要内容。该书现收藏于南江县图书馆。

《教材·人伦道德》

佚名，民国铅印本。成都法政学堂教材，类似于现在的道德与法治教材，教导学生如何做人、如何做事。该书现收藏于巴州区图书馆。

《教材·商法讲义》

佚名，民国铅印本。成都法政学堂教材，侧重于对商法基本概念、基本知识的介绍，使学生通过学习，对国内外商法的发展和现状，以及商法的基本知识结构有一个系统的了解，对商法有一个感性的认识。该书现收藏于巴州区图书馆。

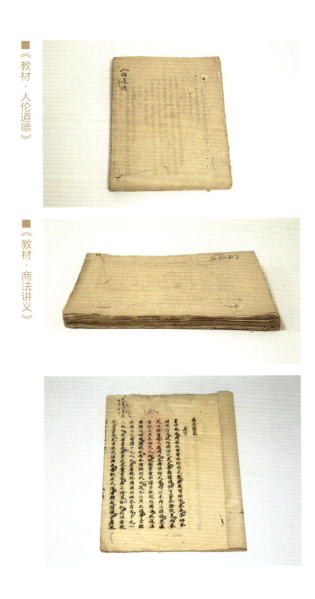

《教材·人伦道德》

《教材·商法讲义》

《教材 · 地理略说讲义》

佚名，民国铅印本。成都法政学堂教材，由七幅地图（两幅地球图、五幅大洲图）、近百幅插图和七十二篇"图说"组成。地图和插图形象地反映了全球和五大洲各国各地区自然人文风貌；"图说"则对地图插图上的内容用文字细加解释。两者相得益彰。该书现收藏于巴州区图书馆。

《教材 · 大清律例》

佚名，民国铅印本。成都法政学堂教材，例律、吏律、户律、礼律、兵律、刑律、工律七篇，三十门，律文四百三十六条，附例

《教材 · 地理略说讲义》

《教材 · 大清律例》

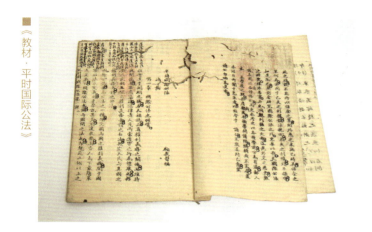

一千四百零九条。该书现收藏于巴州区图书馆。

《教材 · 平时国际公法》

佚名，民国铅印本。成都法政学堂教材，主要是国际法律。它是为满足以国家为成员的国际社会需要而产生的，主要是调整国家之间的法律关系，确定国家间权利义务的法律原则、规则和制度。它们是通过国际程序而形成的。该书现收藏于巴州区图书馆。

《教材·民法债权编讲义》

佚名，民国铅印本。本书为成都法政学堂教材。民法债权编是民法典中专门规定债权债务关系的一编。早在古罗马法时期，债已成为民法中的基本内容之一，但债法尚未从物法中分出，只是物法的一个重要组成部分。世界上第一部资产阶级民法典《法国民法典》尽管也非常重视债的规定，有关债的条文占了大部分条款，却未曾给债法以单列，将债规定在"取得财产的各种方法"一卷中。该书现收藏于巴州区图书馆。

《教材·法学通论讲义要目》

佚名，民国铅印本。本书为成都法政学堂教材。内容包括资产阶级关于法律的性质、作用、渊源、分类、效力、适用、权利、义

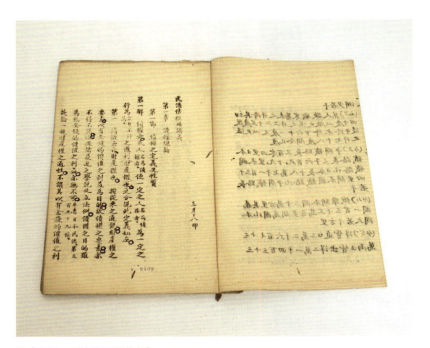

■《教材·民法债权编讲义》

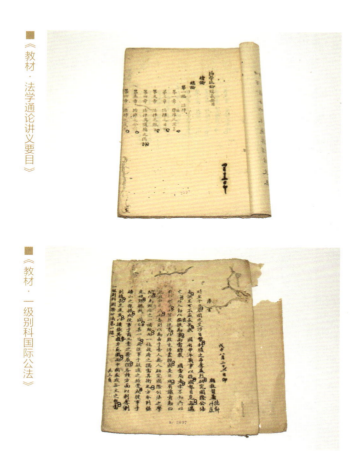

务、制裁等方面。该书现收藏于巴州区图书馆。

《教材·一级别科国际公法》

　　佚名，民国铅印本。本书为成都法政学堂教材。国际公法主要是调整国家之间权利义务关系的法律，其学科主要特点是理论系统性和对外实践应用性。本课程旨在通过讲授国际公法各分支的基础概念和知识，让学生初步掌握国际公法各分支的基本法律制度，全面了解国际公法发展趋势，培养运用国际公法原理分析国际关系中各种问题的能力。该书现收藏于巴州区图书馆。

《教材·世界近代史》

　　佚名，民国铅印本。本书为成都法政学堂教材，共二十章。分二编，前编起自美洲新大陆发现，终于欧洲三十年战争；后编叙英国革命至法国大革命期间的世界各国大势。叙事以时代与历史事变为经，以国为纬，颇为侧重于近代社会之特征考察。对东西新航路之开辟、欧洲文艺复兴、宗教改革、英国革命、美国独立战争、法国大革命、西方殖民势力东侵、东西方文化、贸易交往等具有世界重大意义的近代史事，尤所用意，力求揭明其因果关系。该书现收藏于巴州区图书馆。

《教材·世界近代史》

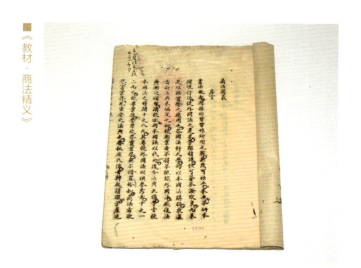

《教材·商法精义》

佚名，民国铅印本。本书为成都法政学堂教材，内容包括公司法、合伙企业法、个人独资企业法、外商投资企业法、破产法、保险法、票据法、海商法。该书现收藏于巴州区图书馆。

《下学梯航》

四川双流刘沅著，民国石印本。为了学习传统文化的初学者有一个入手之处，作者专门编辑此书。他认为人之异于禽兽耳，只因

"天良"二字，立足天良圆融处世，不论是我们在俗世中幸福生活，抑或往上修行，都要以此为底线；那么如何践行天良、圆满天性呢？以刘沅的原话概括就是"静存动察，交修其功"。动察即忏悔、改过、补过、行善并恒久力行，静存需涵养心神于坎宫正位；静存动察的前提是要明辨善恶，其中的《关圣帝君觉世真经》，人应如黑白棋子一样，将是非善恶辨得明明白白，应铭记于心；最后以学圣人局量的"五心"以及《豫诚堂家训》概括全书作为收尾。该书现收藏于巴州区图书馆。

《东文新法会通》

佚名，民国铅印本。教材，日文语法书，帮助读者掌握初步的日语，更好地开眼看世界。该书现收藏于巴州区图书馆。

《测海山房》

作者不详，民国铅印本。本书为古代算学专著。工科是应用数学、物理学、化学等基础科学的原理结合生产实践所积累的技术经验而发展起来的学科。古代的工科，主要包括算学、天文、水利地质、新学等。该书现收藏于巴州区图书馆。

《东文新法会通》

《测海山房》

《气象学》

佚名，民国铅印本。本书是一本气象学领域普及著作。全书共有八章，从大气、温度、大气之压力及运动、大气之水分、空中电气、气候、天气及预报七个方面讲述了大气中的物理现象和物理过程及其变化规律。作者认为天气不可逆转，但可以通过预报达到有所预防、将降低危害的目标。该书现收藏于巴州区图书馆。

《体育科教材及教学法》

文启高著，民国印刷。本书是体育课教学指导书，共分七章，

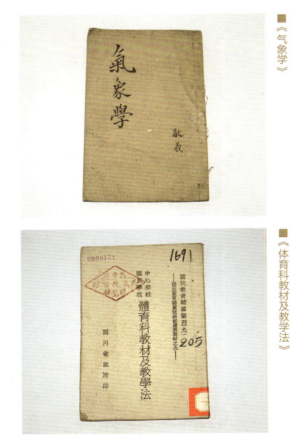

详细讲述如何进行球类、体操、田径等体育运动教学。作者认为体育课的目标是引导儿童养成自觉锻炼的习惯，促进身体发育，培养勇敢、敏捷、吃苦耐劳的品质。该书现收藏于巴州区图书馆。

* 《余堃乡试朱卷》

四川平昌余堃辑，民国上海图书馆藏本。余堃，四川平昌岳家乡金斗寨人。朱卷是记载科举考试的历史文献，它由三个部分组成：履历、科份页、试卷与文章。本书即光绪十一年（1885）参加乡试时的试卷。该书收藏于平昌县何茂森家。

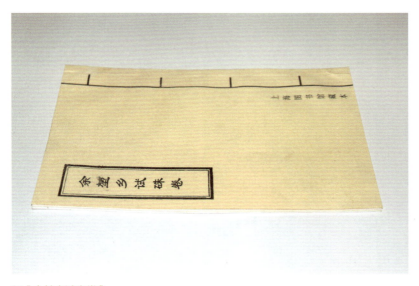

■《余堃乡试朱卷》

第六节　科技医药

《机械工程概论》

　　钮因梁著，民国二十二年（1933）商务印书馆出版。本书系统介绍了机械工程相关的基础知识和应用，以及最新发展状况。共计七章，主要内容包括：机械工程基本概念，机械工程服务的领域与种类，机械发展与社会发展的关系以及我国机械工业的发展现状，机械加工技术的一般方法和特种方法以及现代设计方法，西方先进生

产制造与管理模式如精良生产、敏捷制造、虚拟制造等的基本概念、内涵及应用。该书现收藏于巴州区图书馆。

《机构学》

江苏南通冯雄著，民国二十二年（1933）商务印书馆出版。机械设计专业类教材，作者冯雄是我国著名的水利专家。共分五篇，计十八章。第一篇为总论，介绍绪论、机械设计总论、机械零件的强度以及摩擦、磨损等内容；第二篇为联接，介绍螺纹连接和螺纹转动、键、花键、无键连接和销连接、铆接、焊接、胶接和过盈连接等内容；第三篇为机械传动，介绍带传动、链传动、齿轮传动等

内容；第四篇为轴系零部件，介绍滑动轴承、滚动轴承、联轴器和离合器、轴等内容；第五篇为其他零部件，介绍弹簧、机座和箱体等内容。另有附录：常用量的名称、单位、符号及换算关系表。该书现收藏于巴州区图书馆。

《机械设计》

江苏南通冯雄著，民国二十二年（1933）商务印书馆出版。本书为工业从业者不可或缺的工具类图书，目的在于灌输此类知识，并且解释机械原件之计算法。全书计十七章，对于圆筒、轮轴、引带、滑轮、各种齿轮、支承装置、联杆、飞轮、弹簧、摩擦力之应用等，皆有适当之解释。该书现收藏于巴州区图书馆。

《电机设计》

尤佳章著，民国二十二年（1933）商务印书馆出版。本书主要论述电机设计的基础理论及具体的设计方法。共分六章，包含电机设计基础理论、异步电机设计、同步电机设计、直流电机设计、变压器设计和特种电机设计六部分。第一章精辟论述了电机主要参数之间的关系、磁路计算、参数计算、损耗与效率计算等电机设计的基础理论知识，随后各章分别讲述了各种电机的具体设计方法，给出了完整的设计程序，还附有实际的算例予以示范。该书现收藏于

《电机设计》

巴州区图书馆。

《内燃机》

河北完县刘振华著，民国二十二年（1933）商务印书馆出版。本书是作者整理自己在育德中学留法预备班讲义的基础上编写的，曾被中等工业学校选为教材。全书共分九章，配有插图六十三幅，从内燃机的定义及其发展简史开始，将理论和生产相结合，详细讲解了内燃机的构造、各部分工作原理。除此之外，书中还简单介绍了当时世界上较为流行的几款内燃机。该书现收藏于巴州区图书馆。

《内燃机》

《水力机》

浙江德清蔡昌年著，民国二十二年（1933）商务印书馆出版。本书首于水力之略史、筹划，及最近之统计，略为论列。次述水轮及水涡轮之分类、构造，及效力之比较。次分叙冲击与反动二式之涡轮之应用，及速度之调节。末于水力机之理论及水力工程概况，讨论甚详。该书现收藏于巴州区图书馆。

《无线电报及无线电话》

朱其清著，民国二十二年（1933）商务印书馆出版。本书首述无线电学之基本原理如电磁波电源等，次则详论电子管与传授线，如电子管之检波，增幅、振荡等作用，与天线之种类、传射性等，最后讨论无线电话中的各种问题。该书现收藏于巴州区图书馆。

《电灯》

张延祥、余昌菊著，民国二十二年（1933）商务印书馆出版。本书共十七章，首为光学概论及电光学名词；次论电线、灯泡、灯罩、装线法及电表；再论电光之设计，及照耀之各种电光照亮、应如何因地制宜等。图表丰富，说理明晰，切于实用。该书现收藏于巴州区图书馆。

《无线电报及无线电话》

《电灯》

■《电化学工业》

■《非金属材料》

《电化学工业》

山东章丘马绍援著，民国二十二年（1933）商务印书馆出版。本书于电镀、电型、金属之解提取、电解精炼、电解氧化、电解原、化验之电解、电解造氢气氧气、电瓶、电炉、各种电炉出品、气固定、臭氧制造等，均有浅显周详之叙述。插图亦甚丰富。该书现收藏于巴州区图书馆。

《非金属材料》

江苏南通冯雄著，民国二十二年（1933）商务印书馆出版。非金属材料是以某些元素的氧化物、碳化物、氮化物、硼化物、硫系

化合物（包括硫化物、硒化物及碲化物）和硅酸盐、钛酸盐、铝酸
盐、磷酸盐等含氧酸盐为主要组成的无机材料的泛称。作者从这些
方面讲述了非金属材料在各个方面的联系。该书现收藏于巴州区图
书馆。

《采矿工程》

浙江永嘉胡荣铨著，民国二十二年（1933）商务印书馆出版。
共分六章，主要内容包括采矿的作用和有色金属矿床概述，炸药、
爆破器材和控制爆破技术，矿山地下和地面运输，矿山通风，岩石
力学、ANSYS 仿真分析和胀锚拱理论以及采矿方法选择、地下和露

天采矿方法等。该书现收藏于巴州区图书馆。

《碱》

上海高铦著，民国二十二年（1933）商务印书馆出版。高铦是我国著名的化学家，在书中讲述了各种生物碱的制作方法，可以用作化工原料制作专业指导教材。该书现收藏于巴州区图书馆。

《皮革》

广东中山林继庸著，民国二十二年（1933）商务印书馆出版。全书共分二十章，讲述了制革法的大要、历史、生皮、制革用水、

第二章　民国时期

制革准备工程、鞣皮工程、完成工程、铬底革制法、铬黑色鞋面革制法、铬小黄牛皮制法、铬山羊皮制法、铬铎绵羊皮制法、植物底皮制法、皮带皮制法、漆皮制法、小白牛皮制法、重法及混合法、毛皮保存法、各种铬革之特性、选择制成革应注意之点等内容。该书现收藏于巴州区图书馆。

《军械制造》

湖南衡山李待琛著，民国二十二年（1933）商务印书馆出版。兵器制造普及性图书。作者长期从事和研究兵器制造，被誉为"民工国宝""兵器奇才"。该书现收藏于巴州区图书馆。

《造船》

浙江吴兴胡仁源著，民国二十二年（1933）商务印书馆出版。作者曾任江南造船总厂总工程师。从船身到引擎的使用，介绍了造船技术可以分为几大类，包含船体［或称载台，此部分以基本设计及结构设计为主，依材质可再细分为钢船、铝合金船、玻璃钢（FRP）船、水泥船、木船、皮革船、塑胶管筏等］、舣装（如电子设备、航仪、家具、主机以外其他设备等）、轮机（船用主机，如蒸汽涡轮机、燃气涡轮机、柴油引擎等）及电机。该书现收藏于巴州区图书馆。

《造船》

《铁路》

江西樟树聂肇灵编，民国二十二年（1933）商务印书馆出版。本书是交通专业的基础性科普性教材。共有两章，详细介绍了铁路的历史、组织概括、铁路建设程序以及建设一条铁路的过程，包括如何规划路线、踏勘、初测、涵洞及桥梁等的维护、车站修养、事变与责任七个方面的内容。该书现收藏于巴州区图书馆。

《工厂设计》

广东番禺凌鸿勋著，民国二十二年（1933）商务印书馆出版。全书共十章，分别是厂屋与制造之关系、工厂图样之绘制及建筑之

《铁路》

包工、工厂地点之选择、工厂设计之经济学、厂屋式样之选择、木架建筑、钢架建筑、三合土建筑、基础、地面。详细介绍了新建扩建或改建机械工厂进行的规划、论证和编制，特别强调了工厂设计是一项技术与经济相结合的综合性设计工作。该书现收藏于巴州区图书馆。

《造林法》

龚厥民著，民国二十二年（1933）商务印书馆出版。森林之利益，除经济的方面外，并可防止水灾旱灾，故造林实有研究提倡之必要。本书历叙森林之直接间接利益、我国林业状况、天然造林、

人工造林、造林学及森林保护学等，是普及造林知识之善本。该书现收藏于巴州区图书馆。

《营造法式》

河南郑州李诫编修，民国二十二年（1933）商务印书馆出版。凡三十四卷，全书三百五十七篇、三千五百五十五条中，有三百零八篇、三千二百七十二条是历代工匠相传，经久可行之法，分为释名、各作制度、功限、料例和图样五个部分，前有看详和目录各一卷。看详重在说明若干规定和数据，如屋顶坡度曲线的画法、计算材料所用的各种几何形的比例、确定垂直和水平的方法、依不同季节制订劳动日的标准等。第一至第二卷为《总释》和《总例》，考证每一个建筑术语在古代文献中的不同名称和当时通用的名称，以及此书中所用的正式名称，并订出"总例"。第三至第十五卷是壕寨、石作、大木作、雕作、旋作、锯作、竹作、瓦作、泥作、彩画作、砖作、窑作等十三个工种的制度。第十六卷至第二十五卷，按照各作制度规定各工种的构件劳动定额和计算方法。第二十六卷至第二十八卷规定各工种的用料定额和有关工作质量。第二十九卷至第三十四卷为图样，包括当时的测量工具，以及石作、大木作、小木作、雕木作和彩画作的平面图、断画图、构件详图和各种雕饰与彩画图案。该书现收藏于巴州区图书馆。

《营造法式》

《城市秽水排泄法》

朱有骞著，民国二十二年（1933）商务印书馆出版。我国作为人口大国，一个城市的人口至少在百万级别以上，那么城市内部又是如何处理人类排泄物的呢？有人说：直接排到海里不就得了，但真的能行吗？作者在书中通过物理净化和化学净化两种方式，介绍了城市的积水排泄方式。该书现收藏于巴州区图书馆。

《吸血节足动物》

周建人、尤其伟编译，民国二十二年（1933）商务印书馆出版。本书为译著，原著信息不可考，作者周建人是我国科技翻译史上有

《城市秽水排泄法》

名的翻译家。全书主要围绕吸血节足动物的特性、如何防治两方面
进行阐述。该书现收藏于巴州区图书馆。

《食物常识》

河南光山上官悟尘著，民国二十二年（1933）商务印书馆出版。
营养学著作。作者吸收了西方的医学、营养学等科学学说，针对当
时中国人的饮食习惯，介绍饮食养生的基本常识，他指出"吾人非
得食物之补养不能生存"，"食物如空气不可或缺"。然后分论食物与
人的种种关系。如食物消化之顺序、消化不良之原因、一般人应以
荤素混食等，都是饮食养生的基本常识。再如食材之危险、食品鉴

别、摄食时间，以及食前食后的养生要诀，都简单易明。作者又强
调"母乳为小儿最适当之食物""废母乳而用牛乳者，有百害而无一
利"。该书现收藏于巴州区图书馆。

《西医浅说》

江苏苏州程瀚章著，民国二十二年（1933）商务印书馆出版。
全书八章，分论西医之历史、使命、造就、伦理、治疗以及应改造
诸点；其他西医传入我国之沿革与医院之建筑和设备，亦有叙述。
该书现收藏于巴州区图书馆。

《定县社会改造事业中之保健制度》

中华平民教育促进会编，民国二十三年（1934）内部印刷。定县社会改造事业中之保健制度是定县实验的一部分，中华平民教育促进会在定县实验区创造了一套由村、区、县三级组成的卫生保健制度，并在疾病治疗、学校卫生、妇婴卫生和传染病预防等方面做出了一定的成绩。全书分为四部分，总结了定县卫生保健制度的经验教训，指出了定县保健制度的积极意义及不足之处。该书现收藏于巴州区档案馆。

《定县社会改造事业中之保健制度》

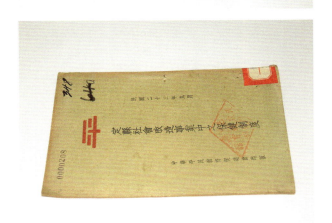

《创造教育论》

刘经旺著，民国二十二年（1933）商务印书馆出版。本书是国内最早的系统阐述创造教育的理论著作，它从教育哲学的角度全面透视了创造教育的背景、概观、原理、本质、目的、动力及方针等。作为一种全新的教育模式，作者认为，创造教育与以往的"注入主义、模仿主义、他律主义、教师本位主义、机械主义、划一主义、凡俗主义、现实主义及唯物主义"等教育模式是截然不同的，因此，创造教育论首先构建了这种教育模式的教育理念，即不是对被教育者进行一两种创造方式或技巧的训练，而是视"教育为人生之一部分"，并且力求教育的本质与人生的本质相一致。在着力进行素质教

《创造教育论》

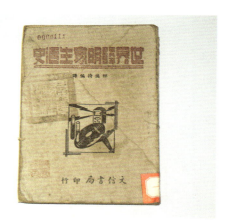

育、创造教育等教育模式变革之际，发掘、研究相关史料，对评鉴、构建现实教有模式是有价值与意义的。该书现收藏于巴州区图书馆。

《世界发明家生活史》

刘总持编译，民国三十三年（1944）文信书局出版。《世界发明家生活史》出版时，西学盛行于中国，西方的许多物品流入中国，改变了许多人的生活，同时也改变了他们的思想，西方科学家的故事进入了他们的视线。这本书揭开了西方科学家的神秘面纱。该书现收藏于巴州区档案馆。

《细菌与人类》

司徒宗著，民国三十四年（1945）永祥印书馆出版。本书是一本科普读物，把细菌知识、概念与社会人生紧密联系起来，很大地丰富了国人对现代卫生、养生的综合认识。在知识概念传播普及、卫生教育方面，有突出贡献。该书现收藏于巴州区档案馆。

《傅青主先生女科》（二卷）

清代山西太原王用臣撰，民国铅印本。本书卷上分带下、血崩、鬼胎、调经、种子五门，每门分若干症候，计三十八条、三十九病

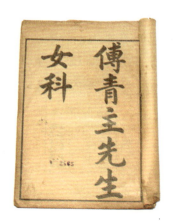

《傅青主先生女科二卷》

症、四十一方；卷下分妊娠、小产、难产、正产、产后诸症五门，共三十九条、四十一病症、四十二方。本书运用中医脏腑学说，阐明妇女生理、病理特点及诸病临床表现。诊断辨证以肺、脾、肾三脏立论，治则以培补气血、调理脾胃为主。全书文字朴实，论述简明扼要，理法严谨，方药大多简明效验。该书现收藏于巴州区图书馆。

《时方歌括》

福建长乐陈修园著，民国成德堂出版。本书共收录了唐、宋以后的中医常用方剂一百零八个，按性质分为十二类，并将各方韵为歌诀。每首方剂在按语中补充了该方的现代药理研究及临床应用，并用现代中医的方药理论予以简明扼要的分析。全书叙理简明扼要，文字通俗易懂，歌诀朗朗上口，尤适于初学中医者阅读参考。本书为民国时期当地医生的手抄本。该书现收藏于通江县向勇家。

＊《仲景小术》

四川南江唐克勤著，民国私印本。本书是关于医圣张仲景"六经辨证""十二经脉"理论的具体应用。书中在脉诊方面特别注重脉口、人迎之阴、阳脉象的盛衰差别，并注重阴阳动脉的寸部与尺部

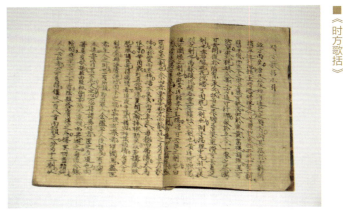

■ 《时方歌括》

之强弱，以确诊阴阳经脉之正、负运动的太过和不及，并针对不同的脉象，给予不同的治疗方法。该书现收藏于南江县档案馆。

《仲景小术》

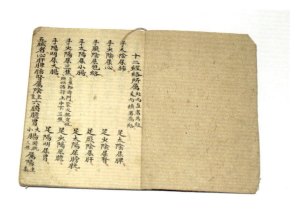

第七节　宗教哲学

《佛教概论》

黄士复著，民国二十二年（1933）商务印书馆出版。全书共有十一章，扼要介绍了佛教的基础知识，以及各宗派（包括俱舍宗、成实宗、律宗、法相宗、三论宗、华严宗、密宗、禅宗、净土宗）的开宗缘起、发展历史、宗派支脉、术语、学说和主张，称得上是学佛者的必备手册。该书现收藏于巴州区图书馆。

《佛学概论》

河南焦作周绍贤著，民国铅印本。本书精心整理自作者在台湾多所大学的讲稿，经几十年流行海外不衰，框架清晰，说理显明，是学习佛学的经典入门读物。涵盖佛教概念、思想、历史、人物、典籍等诸多方面，展现中国佛教全貌思想从四谛、十二因缘、三法印等根本教义到大小乘分裂，再到后期一心三观、转识成智之深远发挥。人物从安世高、支娄迦谶等第一批来华僧人，到法显、玄奘西去取经，以及梁武帝、武则天等与佛教结缘甚深之帝王，更有王维等众多学佛名士。历史从佛教在印度之起源和几次结集，到汉代传入我国、魏晋佛学合流、隋唐八宗竞盛、宋明禅宗盛行，至清代

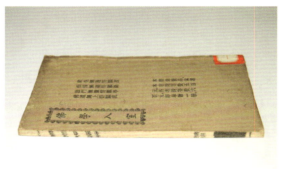

喇嘛教传入。该书现收藏于巴州区图书馆。

《佛学入室》

蓬莱烟霞子著，民国二十九年（1940）中峰寺印书弘化社印刷。辑录的佛经，能够体现中国佛教注重"妙有"的思想特色，主张一切众生都具足圆觉妙心，本当成佛。若能顿悟自心是佛本来清净，无须到处去寻佛。该思想对华严宗、天台宗、禅宗都有非常重要的影响。该书现收藏于巴州区档案馆。

《六祖大师法宝坛经》

曹溪著，民国铅印本。佛教经典，一卷十品，二万余字。全称

《六祖大师法宝坛经曹溪原本》，简称《曹溪原本》，亦简称《坛经》。禅宗六祖慧能说，其弟子法海集录，是禅宗的主要经典之一。经文主要记载慧能的生平事迹和言教。根据"自性本清净"之说，宣扬"明心见性""顿悟成佛"的基本思想。《坛经》的思想对禅宗发展起到了重要作用。中国佛教著作被尊称为"经"的，仅此一部。该书现收藏于巴州区图书馆。

《观音灵感录》

印光法师著，民国上海道德书局出版。《观音灵感录》是佛教经书。根据所见到的、所听到的，记录观音显灵惩恶扬善的故事，宣

《六祖大师法宝坛经》

扬善有善报、恶有恶报的佛教观念，使之成为一切信奉持念者的依据。该书现收藏于巴州区档案馆。

《现代西藏》

河北深县法尊上人著，民国二十二年（1933）东方书社出版。作者法尊是我国近现代著名高僧、佛学家、翻译家、藏语文专家。本书讲述了他在西藏游学，以及从西藏回到中原传播佛法的经历。对于潜心修行的佛教徒来说，是不可多得的读本。该书现收藏于巴州区档案馆。

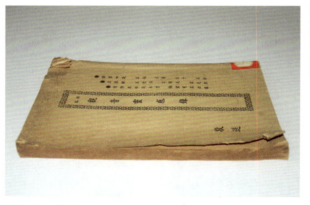

 《观音灵感录》

《现代西藏》

《道教史概论》

　　湖南宁乡傅勤家著，民国二十二年（1933）商务印书馆出版。
国内第一部全面系统论述道教史的著作，论述了道教从东汉孕育诞
生，直至近代大约两千年的历史发展过程，涉及的问题包括道教的
教团组织、经典、教理、著名人物、内外丹、养生术、符箓咒术、
斋醮科仪，以及道教对民间秘密宗教的影响等。全书以历史唯物主
义为指导，以道教历史发展为线索，阐明了道教在不同阶段的特点，
以及当时社会背景和思想文化潮流的关系。本书对道教思想的研究，
补充了以往哲学史的某些缺失；关于道教内外丹和养生学的研究，
揭示了道教对中国古代科学，特别是化学、医药学发展的重要贡献。

该书现收藏于巴州区图书馆。

《道藏目录详注》

江苏南京白云霁撰，民国二十二年（1933）商务印书馆出版。道教典籍，共四卷。本书成于明天启丙寅年（1626），以道藏之文，分门编次，大纲分三洞、四辅十二类。该书现收藏于巴州区图书馆。

《伊斯兰教概论》

湖南邵阳马邻翼著，民国二十二年（1933）商务印书馆出版。内容涉及伊斯兰教的兴起和传播、伊斯兰教的基础《古兰经》和圣训、伊斯兰教的信仰和制度、伊斯兰教法、教派、学派、教义学、苏菲神秘主义、伊斯兰教与社会生活（政治、经济、伦理道德、文化）、近现代伊斯兰教社会思潮和社会运动、伊斯兰教在中国等。书末附有七个附录和索引，便于读者查阅、检索、参考。该书立论较为客观、公允，史料翔实，以学术性、知识性、可读性为特色。尤其在教法学、教义学、苏菲主义等方面，作了系统的介绍和探索，对了解研究伊斯兰教有一定的参考价值。该书现收藏于巴州区图书馆。

《伊斯兰教概论》

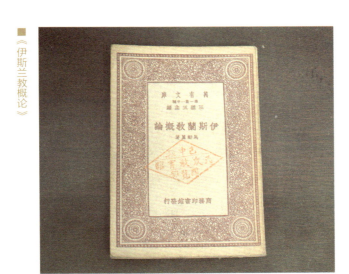

《中国天主教传教史》

德礼贤著，民国二十二年（1933）商务印书馆出版。本作品从"聂斯多略派的教会"开始，扼要介绍了我国历史上"第一个天主教传教区""利玛窦的收获""在朝的教士"以及"二十世纪的中国天主教"等情况，展现了天主教的传播历史。本书叙述简明，所引征之文，皆注明出处。对于伯希和模勒诸家考证，亦多采录，此为前著所不及。该书现收藏于巴州区图书馆。

《中国哲学小史》

河南南阳冯友兰著，民国二十二年（1933）商务印书馆出版。

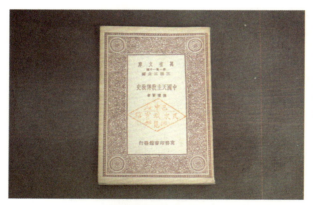

■ 《中国天主教传教史》

作者从形而上学、人生哲学和方法论三个角度切入，系统研究了孔子、墨子、孟子、老子、庄子、荀子和名家等先秦诸子，以及周敦颐、张载、二程、朱熹、王阳明等宋明道学家的哲学思想，并将其视作中国哲学传承和发展的主流加以梳理、阐释。本书是中国哲学史入门之作，从先秦诸子谈到宋明诸家，是一本思精、虑周、意明的哲学小书。该书现收藏于巴州区图书馆。

《哲学》

江苏泰州景昌极著，民国铅印本。《哲学》的作者将佛法与哲学相结合，提出佛法中有铜墙铁壁，虽撞而不倒者，六度万行、苦空

《中国哲学小史》

无我、唯心唯识诸要义；亦有土墙柴壁，将不撞而自倒者，三身六道、四大部洲、三十三天诸旧说。该书现收藏于巴州区档案馆。

《新哲学漫谈》

贵州贵阳张铁君著，民国三十一年（1942）国民图书出版社出版。作者张铁君是美籍著名作家张纯如的外公。本书共十章，以研究哲学的定义开始，讲述了为什么研究哲学及怎样研究哲学的问题，系统介绍了哲学的实质、唯物论、唯心论、唯生论、认识论等内容，可用作哲学的普及读物。该书现收藏于巴州区档案馆。

■《哲学》

■《新哲学漫谈》

《中国人之宇宙观》

　　江苏南通崔朝庆著，民国二十三年（1934）商务印书馆出版。本书内容包括天地开辟论、盖天浑天宣夜、星座、日月五星之运行与十二次十二辰二十八星宿、冬至点、北斗及南中星、岁首及闰月、观测之仪器、《周髀算经》之历法与数学、历朝历法，共十章。该书现收藏于巴州区图书馆。

《人生学》

　　四川南充王恩洋著，民国东方文教研究院印刷。《人生学》是在饱受西方国家侵略的近代中国处于新旧交替的转折的情况下，西学

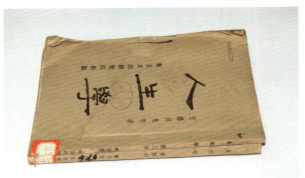

东渐带来了西方近代的思想学说，传统的儒家文化逐渐衰落，佛学则异军突起，呈现复兴趋势，在这样的文化背景下，王恩洋"人生学"思想逐渐形成。受梁漱溟和欧阳渐两位老师的影响，王恩洋对佛、儒二学都有很深的研究。王先生的人生学涵盖儒、释二学，提出人生根本是苦，"人生之实相"为业果相续、群体共存、智慧创造、苦恼拔除。要想断除苦恼，就要走至善正道。人生的正道需从儒学和佛学中寻求，儒学为人类提供了生养之道、修齐之道以及治平之道。该书现收藏于巴州区档案馆。

《浙东学派溯源》

浙江金华何炳松著，民国二十二年（1933）商务印书馆出版。

从原始资料出发，详加考订，追溯浙东学派的起源，重点考辨浙东学派的开山祖程颐与朱熹学说的异同，打破沿袭千年之成说，指出程朱两派学说截然不同，程氏学说为唯物、一元哲学，而朱氏学说则是唯心、二元伦理学家的玄谈。该书现收藏于巴州区图书馆。

《西洋哲学小史》

浙江绍兴全增嘏著，民国二十二年（1933）商务印书馆出版。全书分十章，对希腊哲学、经院哲学、文艺复兴时期哲学、理性论、经验论、德国古典哲学和现代哲学加以简述。该书现收藏于巴州区图书馆。

《浙东学派溯源》

《西洋哲学小史》

《连锁哲学》

湖南长沙侯哲庵著，民国上海黎明书局出版。《连锁哲学》的作者从古代哲学的连锁观入手，详细地向读者讲解了连锁哲学的前世今生，任何哲学都离不开连锁哲学，它是哲学研究的基础。该书现收藏于巴州区档案馆。

《国父孙中山底历史哲学》

燕义权著，民国三十一年（1942）国民图书出版社出版。作者对孙中山的哲学思想进行深度剖析，作者指出，他的历史哲学思想与其史学宗旨、功能的主张十分符合中国国情。孙中山认为历史学

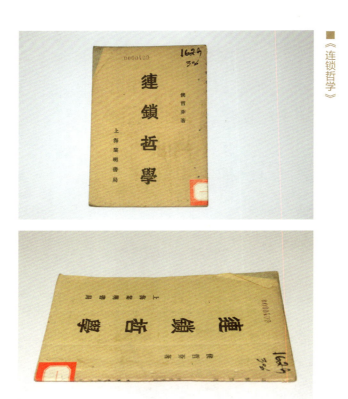

■《连锁哲学》

与自然科学在逻辑上没有本质区别。自然科学方法也可以应用到历史学中，基于此形成了他的进化史观。孙中山的历史观是以社会进化论为基础的，他以科学的发展论证进化的客观现实。该书现收藏于巴州区档案馆。

《国父孙中山底历史哲学》

第八节　社科管理

《殷周青铜器铭文研究》

　　四川乐山郭沫若撰，民国二十年（1931）上海大东书局出版。因所论各器的铭文，除最后附录的四篇外，其制作年代大体都可征考。因此，编次即以年代为顺序。上卷收录殷末周初铜器铭文六篇:《殷彝中图形文字之一解》、《戊辰彝考释》、《大丰簋韵读》、《令彝令簋与其他诸器物之综合研究》、《公伐邻钟之监别与其时代》(1954年重

■《殷周青铜器铭文研究》

订本改成《杂说林钟句鑺鉦铎》）、《鲁侯角释文》（重订本改为《鲁
侯爵释文》）。下卷收录十篇：第一篇《新郑古器之一二考核》，考
定王子婴次为郑子婴齐；第二至六篇为铭文的韵读和释文；第七篇
《释丹柝》；第八篇《戈雕必彤沙说》；第九篇《说乾》；第十篇《跋
丁卯斧》。综观全书，或考释文字，或定其韵读，或匡谬补正，立意
新颖。该书现收藏于巴州区图书馆。

《四库全书简明目录》（二十卷）

爱新觉罗·永瑢等编，民国二十年（1931）上海扫叶山房出版。
清乾隆间所修《四库全书》的各书提要总录《四库全书总目》的简

本，共八册。由于《总目》卷数过多，使用不便，四库馆主事者纪昀等又压缩删节，不录存目之书，只录收入《四库全书》的著述，编成《四库全书简明目录》二十卷，著录图书三千四百七十种，每部分的解题仅注明卷数、作者姓名，然后用一两句话讲述此书的内容大要，是一部比较全面评介中国古籍内容的书。该书现收藏于南江县图书馆。

《四库全书总目提要》

爱新觉罗·永瑢著，民国二十二年（1933）商务印书馆出版。我国古代最巨大的官修图书目录。又称《四库全书总目》，或简称《四

库提要》。《四库总目提要》基本囊括了《四库全书》中的各类卷宗。其中记述的有作者生平、成书过程、中心思想、主要内容、经典摘要等，但不包括具体内容。不过并非《四库总目提要》中所有的书在《四库全书》中都能找到。该书现收藏于巴州区图书馆。

《各国民族性》

张世安著，民国十九年（1930）上海华通书店出版。该书是关于民族性的研究图书。作者梳理了早期民族性的研究，从民族性的理论溯源，以德、英、法、美、俄、意、日等国为代表的兴盛的民族性及以埃及、希腊、印度、西班牙等国为代表的衰败的民族性谈

起，扫描式地将这些国家的民族性特征进行介绍，最后分析得出兴盛和衰败的民族性的共性。该书现收藏于巴州区档案馆。

《训诂学引论》

何仲英著，民国二十二年（1933）商务印书馆出版。本书是训诂学史上第一部通论性的著作。根据沈兼士《研究文字学形和义的几个方法》提出的训诂学体系安排全书结构，共三章：训诂——总论训诂的源流、要义、方法和术语；代语的历史沿革——根据古书音义，探索历代文语变迁的轨迹；现代方言——研究现代方言的起源和发展。该书现收藏于巴州区图书馆。

《神话论》

福建晋江林惠祥著，民国二十二年（1933）商务印书馆出版。分为神话的性质及解释、神话的种类、神话的比较研究、各民族神话概略、神话实例等五章。该书现收藏于巴州区图书馆。

《乐律全书》

河南沁阳朱载堉著，民国二十二年（1933）商务印书馆出版。朱载堉（1536—1611），明代著名律学家、历学家、音乐家。本书系音乐、算学、历法论著汇编，成于明万历三十四年（1606），共四十七卷。有《律学新说》《乐学新说》《算学新说》《律吕精义》及乐

《神话论》

《乐律全书》

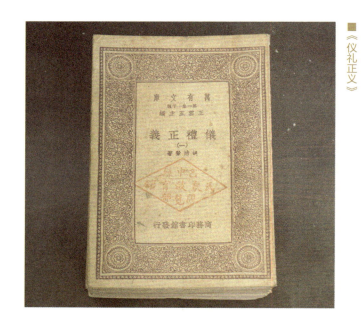

谱、舞谱等十三种，以及算学、历法著作四种。作者折中周伶州鸠、西汉京房、北魏陈仲儒诸家之说，约于明万历十二年（1584）提出"十二平均律"（即"新法密率"）的理论，解决了历代众说纷纭的旋宫问题，较西欧早一百余年。该书现收藏于巴州区图书馆。

《仪礼正义》

安徽绩溪胡培翚著，民国二十二年（1933）商务印书馆出版。本书是清代著名经学家胡培翚（1782—1849）积四十余年之功撰成，他精研周公、孔子、子夏之仪礼，涉及广泛，从冠婚飨射到朝聘丧葬，无一不及，多记载古代宫室、车旗、服饰、饮食、丧葬、祭礼等，描绘古代生活十分详尽。道光二十九年七月，胡培翚弃世，尚有《士昏礼》《乡饮酒礼》《乡射礼》《燕礼》《大射仪》等五篇未完，这部分由他的学生杨大堉及族侄胡肇昕等人补述完成。该书现收藏于巴州区图书馆。

《十三月新历法》

福建长乐高梦旦著，民国二十二年（1933）商务印书馆出版。历法专著。高梦旦（1870—1936）在沈括改革历法的基础上加以创新，其要点是每年 13 个月，每月 28 天，每月 4 个星期，每星期 7 天；每年 52 个星期，364 天；平年 1 空日，闰年 2 空日；所空之 1 日或 2 日作为岁余，置于岁末，不并入月及星期计算；按照西方纪年，逢 4 年（如 1932 年、1936 年、1940 年……）入闰，逢 128 年（如 2048 年、2176 年、2304 年……）不入闰；月和星期的名称，均用数字；每月第一日为星期一、末一日为星期日；春分为岁首（即 3 月 21 日）；放假日由各国自定，最好与星期天接近；历书应记载朔望、上下弦及节

气。该书现收藏于巴州区档案馆。

《租界问题》

浙江永康楼桐孙著，民国二十二年（1933）商务印书馆出版。此书分八章，对于租界之起源、土地行政司法权、收租运动之经过及此后应取之方针等，均有深刻的研究及透辟的议论，足供研究租界问题及关心国权者之参考。该书现收藏于巴州区图书馆。

《人事管理》

天津何清儒著，民国二十二年（1933）商务印书馆出版。全书

■《租界问题》

按照人事管理的逻辑进行编写，共有十四章，从管理的起源开始，涵盖了人事管理的主要方面，搭建起了完整的人事管理体系。本书在介绍人事管理的起源、人事管理的发展、人事管理与科学、人事管理与人类福利等宏观知识的同时，强调人才选拔、人才面试、人才培训、绩效考核、员工福利、安全保证等微观操作方法，并搭配图表解释，力求理论与实践相结合。该书现收藏于巴州区图书馆。

《铁路管理》

王成森、沈达宏著，民国二十二年（1933）商务印书馆出版。本书包括铁路之制度组织及用人行政，为研究铁路问题之基本书籍。

■《铁路管理》

■《户籍统计》

首述中国铁路之制度及组织，继就总务、车务、机务、工务、会计、五项及车站、列车车辆、号志、货场等管理法，末附附属营业及特殊事务之管理。全书趋重事实，间涉理论，亦极浅明。该书现收藏于巴州区图书馆。

《户籍统计》

苏崇礼著，民国二十二年（1933）商务印书馆出版。户籍调查，首重统计。作者本其生平之学识与经验编成这本书，除将统计之重要原理阐发外，关于人口增减率之计算、康健程度之推测，叙述尤为精密。全书所用之例，多为本国材料。该书现收藏于巴州区图书馆。

《科学的工厂管理法》

江苏无锡张廷金著，民国二十二年（1933）商务印书馆出版。本书分为十章，从科学的工厂管理法大意入手，详细讲解了进行科学工厂管理的整个过程，包括管理上的五大要素、需求准则法、平常储物室之供需、施行准则法、计划部办事手续、各工之支配法、训练工匠之研究、鼓励工匠增速出品、增加工资减低物价。该书现收藏于巴州区图书馆。

《中国都市工业化程度之统计分析》

龚骏著，民国二十二年（1933）商务印书馆出版。全书共分十

《科学的工厂管理法》

章，四十余节，将我国重要工业都市之工业化程度，作数字上之详
细分析，条理分明、参考殷繁；统计数字既正确可靠，卷首更附有
参考统计等目录，尤便检讨。该书现收藏于巴州区图书馆。

*《平教同志歌·平教同志归来辞·平民教育的宗旨目的和最后的使命》

中华平民教育促进会编，民国二十四年（1935）内部印刷。该书
是晏阳初先生的著作，阐述了教育的本质，它与人类文化的进步息息
相关，书中提出平民教育目的有二：（一）在一切社会的基础上，培养
民众的团结力、公共心，期望受过平民教育的人，无论处任何团体，

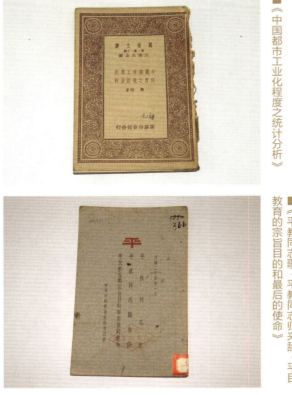

《中国都市工业化程度之统计分析》

《平教同志歌·平教同志归来辞·平民教育的宗旨目的和最后的使命》

皆能努力成为一个忠实而有效率的分子;(二)在人类普遍固有的良心上,发展民众的判断力、正义心,期望受过平民教育的人,无论对何种事体,皆能有自决自信、公是公非的主张。这是必要的根本的精神,为人人所共同应该接受的教育。该书现收藏于巴州区档案馆。

*《河北省县政建研究院定县实验区工作概略》

河北省县政建研究院编,民国二十四年(1935)内部印刷。本书里的一些数据,再现了20世纪二三十年代晏阳初领导的以定县实验为主体的平民教育与乡村建设运动相结合的情况。该书现收藏于巴州区档案馆。

*《农村运动的使命》

四川巴中晏阳初著，民国二十四年（1935）京城印书局出版。作者在书中详细阐述了乡村建设实现的方法和步骤，他认为乡村建设应当遵循以下三个步骤：研究实验、训练人才、表证推广，形成了简单实用、便于推广的教育方法，向实践要真知、在实干中造福的乡村改造道路，提出了"知行合一""学以致用"的实用主义学习观。该书现收藏于巴州区档案馆。

《责任观念与现代国民》

韩仁编著，民国二十九年（1940）正中书局出版。全书分三编，阐述了伦理学的责任观念的意义、演进及其本质问题。第一编，作者首先讨论了责任的意义、责任发展的历史背景及演进过程。提出良心责任观。第二编论述了围绕责任学说划分的各个派别，作者主要阐述了形式论派与目的论派的责任学说。第三编，作者在上述分析的基础上，进一步讨论了责任观念的本质问题，讨论了认识责任、表现责任、责任与品德之关系，认为一个人品德愈高尚，其责任之履行愈自觉。现代国民必须加强自身品德修养，增强责任观念。书末附有参考书目，以便读者查阅。该书现收藏于巴州区档案馆。

《责任观念与现代国民》

《青年的烦闷与出路》

胡汉民著，民国三十年（1941）众志书局出版。本书是关于个人主义的论文。作者认为个人是组成社会的基本要素，突出了"个人"优先于"社会"的原则，"无个人则无社会。社会由个人而成立，社会一切之事物，皆归于个人的意思，发自个人的意思，凡言语、风俗、法律、宗教，所有社会上精神的产物，皆随个人的意思自由制作者也"。该书现收藏于巴州区档案馆。

《图书馆》

浙江海宁蒋复璁著，民国三十年（1941）正中书局出版。本书

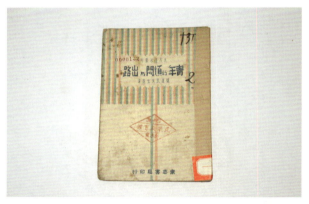

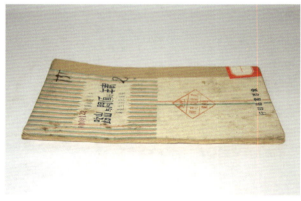

■ 《青年的烦闷与出路》

是图书馆学如何开展的论文集。作者是终身从事图书馆事业的图书馆学者，讲述了如何研究文献、如何做好信息和知识的收集、如何组织与传播利用图书馆管理，以及图书馆与社会的关系。该书现收藏于巴州区档案馆。

《民族主义与国际主义》

张铁君著，民国三十一年（1942）国民图书出版社出版。本书从理论、思潮和实践三个层面揭示和解释了民族主义的复杂性、多样性与不确定性，民族主义在国际体系变迁中的作用，以及民族主义与其他社会思潮的竞争与共生机制。该书现收藏于巴州区档案馆。

《青年的修养》

湖北江陵吴之椿著，民国三十一年（1942）国民图书出版社出版。作者吴之椿曾是北大教授，支持学生运动，本书是他从西方政治学的角度，总结 19 世纪以来各国在社会达尔文主义影响下的社会思潮，以及在这一思潮下掀起的学生运动。该书现收藏于巴州区档案馆。

《青年事业修养讲话》

实夫著，民国三十三年（1944）桂林乐君书店出版。本书是指导青年为人处世、成就事业的书籍。作者一开始就提出了生产事业的社

《青年的修养》

《青年事业修养讲话》

472

会意义，其次讲述达到目的的方法，认为需要"学习科学方法、相信集体力量、养成民主风气"。除告诉读者事业修养的理论技术外，作者也描绘了一个理想社会的愿景。该书现收藏于巴州区档案馆。

《民族气节论》

湖北阳新成惕轩著，民国三十三年（1944）国民图书出版社出版。此书成于抗战时期，作者从国家与民族的高度，分析了气节对于国家的重要意义，印证气节背后的政治深意。他认为气节乃中国人的精气神，气节不散，抗日必胜。该书现收藏于巴州区档案馆。

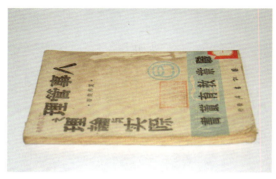

《人事管理之理论与实际》

夏邦俊著，民国三十三年（1944）国讯书店出版。本书是人事工作的理论和实践指导书籍。它从人事管理的理论入手，回顾了影响组织内部人力资源管理政策和活动的外部因素，介绍了不同背景下如何进行人事管理活动。该书现收藏于巴州区档案馆。

《山水人物》

浙江德清施瑛著，民国三十五年（1946）永祥印书馆出版。作者施瑛是原中华书局上海编辑所编辑，出身书香门第。在本书中，他以天地作画，以地理环境做经纬，描写人文，将山水与人们生活相融合，加之作者作为编辑游览四方、见多识广，文字风趣幽默，很受欢迎。该书现收藏于巴州区档案馆。

《太阳表》

佚名，民国铅印本。太阳历又称为阳历，是以地球绕太阳公转的运动周期为基础而制定的历法。本书为天文历法目录，介绍了当年的太阳历法、自然情况，包括月升月落。该书现收藏于巴州区图书馆。

《山水人物》

《太阳表》

《祭之以礼》

作者不详，民国印刷。《祭之以礼》撷取《孝经》中的《葬祭以礼》，详细地阐述了中国人对待生死离别的态度，并将葬礼、丧仪进行了介绍，完整地体现了中国丧葬文化。该书现收藏于巴州区档案馆。

《春窗联偶巧对类便蒙》（上下卷）

本书专讲联语对仗，将词语作了分类，并缀有春帖联句、杂用联句、杂录挽联等，实为珍贵。此书属旧时学童发蒙的教材，集中联句多简单明白，雅俗共赏，对后代影响颇大，如《新镌评释巧对》《分类字锦》《对类引端》等都程度不同地有所仿照。该书现收藏于平

《祭之以礼》

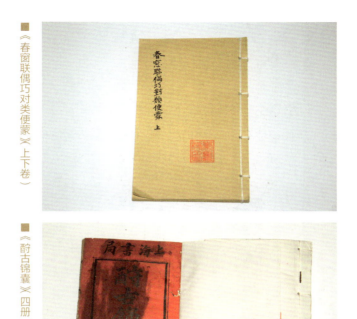

昌县何茂森家。

《酹古锦囊》（四册）

作者不详，民国上海书局出版。古锦囊，典故名，指用年代久远的锦缎制成的袋，亦省作"古锦"，专指贮诗之袋。酹，即酬，指主人向客人敬酒。本书是辑录古人劝酒、敬酒应酬时的诗、词、赋、对联。该书现收藏于平昌县李景堂家。

《历代名人书札》

清代福建福州吴增祺编，民国刻本。此书收录范围始于周秦，

迄于明代，选取名家一百三十一人的书札二百二十八封。该书现收
藏于巴州区图书馆。

《历代名人书札续编》

清代福建福州吴增祺编，民国刻本。为《历代名人书札》之续

■ 《历代名人书札》

■ 《历代名人书札续编》

编，选录明末至清末名人一百六十八人的书札三百二十五封。该书现收藏于巴州区图书馆。

《县政建设》

中华平民教育促进会编，民国版本。本书是定县试验的重要成果，阐述了平教会理想的县城政治模式，即"学术政治化，政治学术化"，改革主要以完善县政机构和推进地方建设两方面为主。但随着国民政府不断构建正规的县级行政机构，其制度成本远远大于制度收益，导致县政府普遍入不敷出，使得这一想法缺乏实际根据，最终失败。该书现收藏于巴州区档案馆。

第九节　军事法律

《樊山公牍》

湖北恩施樊增祥著，民国元年（1912）广益书局刻本。公牍是法制史研究的一种基本史料，本书收录了清末地方官员樊增祥任秦中臬藩两司及江宁藩司期间所作的公牍，具体包括禀、示、详等，兼有行政、司法，包括整治赌博、案件审查、保荐人才、建言献策等内容，对于清末地方法制状况的研究具有较高价值。该书现收藏

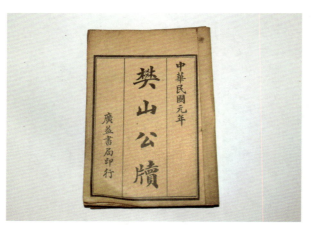

■《樊山公牍》

于南江县档案馆。

《法政丛编》

张知本著，民国湖北法编辑社出版。收入十九种法律丛书。是"中国近代第一套大型法政丛书"，粗成体系的法政知识科普丛书。该书现收藏于巴州区图书馆。

《战时国际法》

广东香山郑斌著，民国二十二年（1933）商务印书馆出版。战时国际法，又称"战争法"。本书共七章，详细介绍了在战争和武装

《战时国际法》

《平时国际法》

冲突中调整交战国之间、交战国与中立国之间关系，以及限制交战国交战行为的国际法原则、规则和规章制度的总和。该书现收藏于巴州区图书馆。

《平时国际法》

广东香山郑斌著，民国二十二年（1933）商务印书馆出版。作者郑斌是我国国际航空与空间法的先驱，全书分为五章，从国际法之观念、国家、国家之领域、国民、国家之权利等方面介绍了国际法的概念、适用范畴及享有的对应权利。该书现收藏于巴州区图书馆。

《不平等条约概论》

重庆铜梁吴昆吾著，民国二十二年（1933）商务印书馆出版。全书共三章，从法律、政治、经济三方面阐述订立不平等条约的原委、经过及内容。包括观审制度、势力范围、租借地、关税、领事裁判权及最惠国待遇等问题。特别是记录了列强领事裁判权这一特权的存废过程及其对国家主权及国民利益的危害性。该书现收藏于巴州区图书馆。

《中国诉讼法溯源》

浙江永康徐朝阳著，民国二十二年（1933）商务印书馆出版。

《不平等条约概论》

本书为诉讼制度史的经典之作，将解读文献、理论分析、法律规定三者相结合，是最早研究中国古代诉讼法的专著之一，颇见理论功底。更可贵的是，作者秉持了一种客观的态度，小心求证，言之有据，言之有物。该书现收藏于巴州区图书馆。

《中央陆军军官学校第十一期第一总队同学录》

民国二十六年（1937）内部印刷。中央陆军军官学校即黄埔军校。本书摘录了民国二十三年（1934）九月至民国二十六年（1937）在黄埔军校就读的同学名录，包括职级、姓名、别号、年龄、籍贯、出身、当时的通讯处、校本部长官等，为研究黄埔军校历史提供了一定的帮助。该书现收藏于通江县档案馆。

《中国诉讼法溯源》

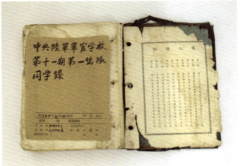

■《中央陆军军官学校第十一期第一总队同学录》

■《世界各国军备现势》

《世界各国军备现势》

陈汉达著，民国二十七年（1938）中外编译社出版。本书从民国二十七年（1938）开始，依次介绍了美国、英国、法国、苏联、日本、德国、意大利法西斯、波兰、比利时和部分小协约国的军备情况，着重介绍了日本军队的摩托化及技术改进历程，为国内了解世界军事形势打开了一扇窗口。该书现收藏于巴州区档案馆。

《法与宪法》

韩幽桐主编，民国二十八年（1939）民团周刊社出版。本书共收录八篇文章，主要围绕法律的本质，法律和法治的关系，通过对

《法与宪法》

《各国兵役行政概论》

英、法、德、美、苏、日、土等国宪法的介绍与对比而提出中国法治建设的目标，对男女平等尤其是抗战时期的婚姻等问题进行了探讨。该书现收藏于巴州区档案馆。

《各国兵役行政概论》

陈炳元编著，民国二十九年（1940）中国文化服务社出版。本书为军事史料，共七篇，分别介绍法、德、意、英、美、苏、日七国的兵役征集、兵役义务、兵役能力、兵役检查，以及兵役制度等，还收录了瑞士民兵制度、土耳其征兵制度。该书现收藏于巴州区档案馆。

《计政法规》

林翰编，民国二十九年（1940）国粹图书出版社出版。本书是关于计政的法律法规汇编。汇编了截至民国二十九年（1940）的岁计、会计、统计、审计等与计政相关的法律规范，提供给相关从业者参考，读者从中也可了解民国时期计政的运行情况。该书现收藏于巴州区档案馆。

《计政法规》

《中国抗战与世界和平》

江苏宜兴蒋子英著，民国二十九年（1940）独立出版社出版。本书分五章，从战争的危害入手分析，讲述了中国抗战与国民革命的关系、中国抗战对世界和平的贡献、中国抗战与国际情势的展望，认为坚持抗战，并争取国际支持，是取得胜利的重要途径。该书现收藏于巴州区档案馆。

■ 《中国抗战与世界和平》

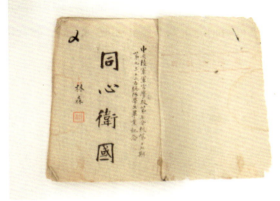

《中央陆军军官学校七分校十七期毕业生名册》

民国三十一年（1942）内部印刷。第七分校是最大的军事院校之一，校部设在西安城南王曲镇。本书摘录了民国二十八年（1939）至民国三十年（1941）第十七期毕业生名单，内容包括姓名、年龄、籍贯、分配部队等。该书现收藏于通江县档案馆。

《陆军军官学校第二十二期第三总队同学录》

民国三十六年（1947）内部印刷。本书摘录了中央陆军军官学校（黄埔军校）民国三十三年（1944）至民国三十五年（1946）在读的第二十期第三总队同学名录，内容包括职级、姓名、别号、年龄、籍贯、出身、当时的通讯处、校本部长官等，为研究该校历史提供了一定的帮助。该书现收藏于通江县档案馆。

《广东女界联合会战时妇女服务工作特刊》

战时妇女服务团编，出刊时间不详。本刊仅一期，由广东女界联合会创办。这一组织是中国共产党领导下由广州妇女进行抗日战争时自发组织的。该刊主要登载该服务团的宣言、工作概况、工作大纲，发表动员妇女同胞参加抗战后援工作的宣传文字，是广州妇女参与抗日活动的重要资料。在妇女动员、妇女训练和妇女思想解

■《陆军军官学校第二十二期第三总队同学录》

放方面起到了一定的作用，反映了当时妇女在抗日活动中自我意识的觉醒。该书现收藏于巴州区档案馆。

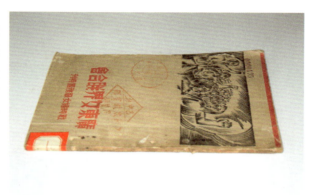

《广东女界联合会战时妇女服务工作特刊》

第十节　文学艺术

《中乐寻源》

　　江苏宜兴童斐著，民国十五年（1926）商务印书馆出版。音乐论著。上卷备述音乐的起源、音乐与教育、律吕、乐器、宫调、音韵、工尺谱、歌唱法等；下卷选录古代歌谱、南北曲旧谱等，论述曲律，是阐述中国古典音乐和传统歌唱艺术的通俗著作。该书现收藏于巴州区图书馆。

■ 《中乐寻源》

《先秦文学》

　　江西临川游国恩著，民国二十二年（1933）商务印书馆出版。本书是研究先秦时期文学发展的著作，直到现在仍然是汉语言文学专业的重要阅读书目。作者在书中明确提出了文学史研究的任务，是"说明文学之变迁及其盛衰之状况也；推求文学变迁与盛衰之因果也；考证篇章之真伪及其时代之先后也；评断文学之价值也"。同时，从大量古代文化和文学诸多珍贵宝藏中，以丰富翔实的资料向我们介绍了中华文明文学源头和早期发展状况，并在《先秦之小说》一章中将先秦小说分为四类：歌谣谚语、神话传说、寓言设语、隐

语虘词，这一论断，奠定了后续先秦文学研究的基础。该书现收藏于巴州区图书馆。

《先秦文学》

山东聊城傅斯年著，民国二十二年（1933）商务印书馆出版。文史学专著。作者认为先秦文学处于我国古代文学发生发展的初期阶段。这个阶段的文学有自己的特点，许多文学现象在此发生；它的作品反映了漫长的历史发展过程和不同历史时期的社会生活，对后代文学产生了久远的影响。该书现收藏于巴州区图书馆。

《明代文学》

江苏无锡钱基博著，民国二十二年（1933）商务印书馆出版。该书以文体为纲，分为四章，依次是文、诗（附词）、曲、八股文。注重"略人之所详，轻人之所重"，以求与众不同。作者认为明代文学就如同中世纪的文艺复兴，批评论文者"狃桐城家言之绪论，而极称归氏，妄庸七子"……主观上虽有些"溢美之词"，但客观上切中肯綮，一语中的，成一家之言。该书现收藏于巴州区图书馆。

《桐城文派评述》

安徽庐山吴孟复著，民国二十二年（1933）商务印书馆出版。

《明代文学》

本书对桐城文派的历史渊源、艺术特色、师友传授、诸家风格等方面进行持之有故的论述，述中有评，史论结合，正源清流。还桐城文派原貌，使许多围绕桐城文派的有疑问题冰释消解，有益于对其的研究和发展。该书现收藏于巴州区图书馆。

《戏曲丛谭》

辽宁沈阳华连圃著，民国二十二年（1933）商务印书馆出版。本书共上下二卷，分渊源、体制、声律、宫调论、脚色考、南北曲之区分、北曲作法、南曲作法、度曲法、流派等十章，每章论述，务在钩玄提要、阐发精明。创获之处甚多，或明言前人所未言，或

■《桐城文派评述》

《戏曲丛谭》

《小说原理》

补正前人之缺失。若乃更别字，校讹音，又善其余事。该书现收藏于巴州区图书馆。

《小说原理》

浙江杭州赵景深著，民国二十二年（1933）商务印书馆出版。

书中表达的创作原理与创作方法，曾为许多遭遇创作瓶颈的小说作者提供了重要的灵感和启示。通过阅读本书，你将领会：网络文学的"快感奖赏机制"、主要写作策略、对人类欲望的审美化和伦理化处置等重要理念，"与现实接壤的世界""奇幻小说的世界""东方神话世界""科幻世界"等小说世界设定的经典模式，主角、情欲对象与情感对手、敌人与竞争者、功能性人物等小说角色如何创设，又有哪些重要的角色原型可资借鉴故事，功能、细节如何打磨。该书现收藏于巴州区图书馆。

《希腊文学》

广西博白王力著，民国二十二年（1933）商务印书馆出版。作

者以简洁生动的语言、清晰流畅的文笔，概括而精练地介绍了古希腊时代的作家们在英雄诗、抒情诗、悲剧、喜剧、历史、哲学、演讲等诸多领域方面做出的开创性的辉煌成就，展现了古希腊文学的全貌。读者从中不仅可以把握住其发展线索与脉络，还可以获得对诸多重要作家及其作品的较为深入的了解。该书现收藏于巴州区图书馆。

《罗马文学》

广西博白王力著，民国二十二年（1933）商务印书馆出版。作者以简洁生动的语言、清晰流畅的文笔，概括而精练地介绍了古罗

马时代的作家们在英雄诗、抒情诗、悲剧、喜剧、历史、哲学、演讲等诸多领域开创性的辉煌成就，展现了古罗马文学的全貌。读者不仅可以从中把握住其发展线索与脉络，还可以获得对诸多重要作家及其作品的较为深入的了解。该书现收藏于巴州区图书馆。

《英吉利文学》

徐名骥著，民国二十二年（1933）商务印书馆出版。本书共分四章，分述英吉利之诗歌、小说、戏剧、散文及其他。对于英国文学史上之重要作家与作品，均有叙述。该书现收藏于巴州区图书馆。

《美利坚文学》

福建福州张越瑞著，民国二十二年（1933）商务印书馆出版。美利坚文学本属英国文学之嫡系，19世纪以来渐次脱离英国文学之窠臼，建立光明灿烂之民族文学。本书对于英美文学之关系，美国文学之派别，作者之生平、杰作及作风，均详加叙述，并附加评语。该书现收藏于巴州区图书馆。

《欧洲近代文艺思潮》

江苏扬州张伯符著，民国二十二年（1933）商务印书馆出版。本书共五章，主要论述了欧洲15世纪前后商业资本社会时期到19

《美利坚文学》

世纪末以新浪漫主义为代表的文艺思潮及形态，时期定位于欧洲近代，阐述了各国文学的发展状况，兼论每一思潮中的少数代表作家，并介绍其创作特色。该书现收藏于巴州区图书馆。

*《红军歌谣》

川陕苏区通江县碧溪乡苏维埃政府编，民国二十二年（1933）内部印刷。在川陕革命根据地和川陕省苏维埃政府建立后，发生了天翻地覆的社会变革，这些以红军为主角的红色歌谣就此产生。本书收录了通江县碧溪乡流传的红色歌谣，是研究中共党史、军事斗争史和地方文化史的可靠资料。该书现收藏于通江县档案馆。

《欧洲近代文艺思潮》

《红军歌谣》

《艺术教育》

《艺术教育》

中华平民教育促进会编，民国二十三年（1934）内部印刷。《艺术教育》是中华平民教育促进会的一项重要课程，它采用直白的语言编写教材，将高雅的艺术引入民间，与普通脱盲教育不同，这项教育是给予人们审美，提高人们的美商。该书现收藏于巴州区档案馆。

《农村戏剧》

中华平民教育促进会编，民国二十三年（1934）内部印刷。本书详细记录了民国二十一年（1932）至民国二十六年（1937）河北定县发动的一场"农村演剧运动"，是中国一批戏剧家到农民中推广话剧艺术的一项实验活动。由晏阳初主持的中华平民教育促进会主持此项工作，促进会下设农民戏剧研究委员会，由熊佛西主持，瞿菊农、孙伏园、陈治策等组成，使定县农民戏剧实验活动顺利开展。该书现收藏于巴州区档案馆。

《红军歌谣》

天水赵松贤编，民国二十六年（1937）内部印刷。本书由天水赵松贤收集，内容大部分反映了群众与红军的鱼水之情和血肉相连的亲密关系，并记录了胜利的场面，颂扬了革命战争，如《红军打仗赛猛虎》《红军个个是英豪》《红军打仗顶呱呱》《胜利歌》等。该书现收藏于通江县档案馆。

《战时演剧政策》

上海嘉定葛一虹著，民国二十八年（1939）上海杂志公司出版。作为新中国戏剧理论事业的开拓者和奠基人之一，葛一虹从"现阶段新演剧运动"和"战时演剧政策"两大方面论述了全面抗战以来中国演剧运动的发展与特征，并指出新阶段新演剧运动的任务，不

《红军歌谣》

《战时演剧政策》

仅对这一时期的抗战戏剧进行了全面总结，而且从民族解放、民主自由、宣传性与艺术性以及战时演剧组织机构等方面对抗战戏剧运动进行了详细的分析与介绍。该书现收藏于巴州区档案馆。

《辽金元文学》

江苏苏州苏雪林著，民国三十三年（1944）商务印书馆出版。全书分辽、金、元三个部分，其中辽代又分文家、诗家两部分；金、元两代则各分为文家、诗家、词家、曲家四部分。作者在资料难以搜集的情况下，钩沉索隐，尽可能引用较为丰富的材料，分别阐述辽、金、元三代文学发展的渊源、繁荣状况及诗、文、词、曲各类文学中作家的创作情况。作者尤其注重作家的生平、创作情况的介绍，上至皇帝、皇子、皇妃，下至市井细民中不为人注意的三四流作家，作者根据所掌握的材料尽可能予以比较细致的介绍和评论，并对每位作家作品的编辑、存佚情况作了详细的考察。该书现收藏于巴州区图书馆。

《民族文学论文初集》

江苏江阳徐中玉著，民国三十三年（1944）国民图书出版社出版。本书收入《民族文学的基本信念》《论民族制度》《论文学上的爱国主义》《论文学上的民族主义与国际主义》《以果戈里为例，论民族

《民族文学论文初集》

文学的暴露黑暗》《论民族性的改造——民族性与民族文学》等十一篇论文，主要探讨了民族文学的原理和题材问题，主张民族文学以民族主义（爱国主义）为基础，同时又揭示了民族主义、爱国主义的真正内涵，并由此阐释了民族文学与国际主义、民主主义、启蒙主义之间的紧密关联，一定程度上消除了很多人对民族文学的狭隘看法。该书现收藏于巴州区图书馆。

《黄白丹青》

江苏常州洪深著，民国三十三年（1944）国民图书出版社出版。本书为话剧剧本，描写抗战爆发后，上海银行界正直的工作人员叶德仁、江超岭、何道平等人坚持抗日斗争，抵制伪中央储备银行，"打了四年银行仗"，表现出强烈的爱国热情。作者称之为"一部从八一三到一·二八的上海银行界抗战的戏剧记录"。该书现收藏于巴州区图书馆。

《白求恩与阿洛夫》

江苏南京周而复、河北辛集方纪著，民国三十三年（1944）东北书店出版。报告文学集。收入周而复的《诺尔曼·白求恩断片》和方纪的《阿洛夫医生》两篇，展现了一个真实的白求恩，包括他的家庭和婚姻、他的教育和成长。以大量典型的事迹、生动的细节，

《白求恩与阿洛夫》

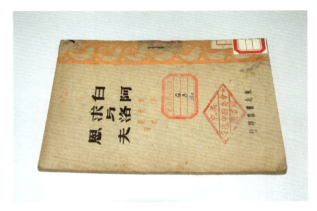

刻画了白求恩大夫的感人形象，热情歌颂了这位国际共产主义战士献身于中国人民解放事业的崇高品质。该书现收藏于巴州区档案馆。

《东北解放区短篇创作选》

刘白羽著，民国三十六年（1947）东北书店出版。本书出版于解放战争时期，当时东北部分地区已经解放，我党的宣传工作正有序开展，此书选刊了当时影响力很大的短篇小说作品，如刘白羽的《政治委员》、西虹的《英雄的父亲》等。这些优秀作品真实地反映了中国共产党领导下的解放区生活面貌，对当时的民众有着积极的影响。该书现收藏于巴州区档案馆。

■《东北解放区短篇创作选》

《老雇农杨树山·平鹰坟》鼓词）

《老雇农杨树山·平鹰坟》鼓词）

大成、轻影等著，民国三十六年（1947）东北书店出版。剧本合集。《老雇农杨树山》主要讲述了边区雇农杨树山被地主压迫，一年辛苦没有任何收获，在进行土地改革后，分到土地过上好日子的故事，这在冀中土地改革中起到了很好的作用。《平鹰坟》主要讲述的是被恶霸地主害得家破人亡的吕镇山冒风雪出走后，加入共产党的他回到村中发动群众推倒鹰碑，揭开鹰坟中吕镇山出走前刻的碑文，粉碎了张万庆父子的复辟阴谋，使家乡人民获得解放。该书现收藏于巴州区档案馆。

《卜掌村演义》（鼓词）

河南唐河李季著，民国三十六年（1947）东北书店出版。本书讲述了一个真实的故事——中医崔岳瑞破除迷信，以医道救人。共分六回："骗百姓编造神鬼""揭诡计英雄学医""露马脚神官丢脸""讲真情阴阳求救""破迷信斗争十年""讲卫生人财两旺"，批判了"不会治病，就会骗钱"的阴阳巫神，提倡讲科学、讲卫生。该书现收藏于巴州区档案馆。

《苏联文艺问题》

作者不详，民国三十七年（1948）新华书店出版。本书出版于

1948年，此时的苏联由于意识形态对抗的加剧，出现了大力批判文艺界、学术界出现的"世界主义""资产阶级主观主义"，以及"无党性""蜕化"的风气。书中对此类问题的批评有些极端，有失公允，但从侧面反映出当时的苏联社会存在的一些问题和弊端。该书现收藏于巴州区档案馆。

《创作的准备》

浙江嘉兴茅盾著，1949 年三联书店出版。茅盾的文艺理论集。全书分学习与模仿、基本练习、收集材料、关于"人物"、从"人物"到"环境"、写大纲、自己检查自己、几个疑问等八个方面，讲述如何进行文艺创作。该书现收藏于巴州区档案馆。

《苏联文艺问题》

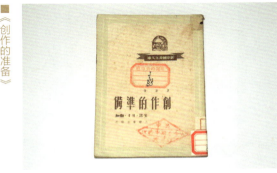

《创作的准备》

《新的人民的文艺》

湖南益阳周扬著，1949年新华书店出版。本书是专题报告，主要论述1942年延安文艺座谈会以后七八年间解放区文艺运动的发展过程及其所取得的成就和经验，并从以下几个方面说明了解放区文艺是"真正的新的人民文艺"，即新的主题、新的人物、新的语言、新的形式；工农兵群众的文艺活动；旧剧的改革；为提高作品的思想性、艺术性而奋斗，创造无愧于伟大的中国人民革命时代的作品；仍然普及第一，不要忘记农村；有计划有步骤地改革旧剧及一切封建旧文艺；建立科学的文艺批评，加强文艺工作的具体领导等。该书现收藏于巴州区档案馆。

《新的人民的文艺》

《表现新的群众的时代》

湖南益阳周扬著，1949 年新华书店出版。本书是关于延安秧歌剧运动的理论总结。着重分析了群众的创造与艺术工作者的骨干和指导作用的关系，指出了新的秧歌在成长过程中存在的问题。文章认为"新的秧歌必须表现'新的群众的时代'"，新的秧歌现在已经成了广大群众性的运动，要从理论和实践各个方面来推进它。该书现收藏于巴州区档案馆。

《原动力》

广东顺德草明著，1949 年新华书店出版。新中国第一部描写工人阶级的小说，被誉为新中国工业文学的拓荒之作。作品讲述东北玉带湖水力发电厂工人在中国共产党的领导下艰苦斗争、恢复生产的故事。本书是中国现代文学史上较早地、成功地反映中国共产党领导工业建设题材的小说，着力描写孙怀德这一现代文学史上第一个由旧社会的奴隶成长为新中国主人的产业工人形象，并较早地描写了反官僚主义的斗争，是现代小说史上的重要成果。该书现收藏于巴州区档案馆。

《军中记事》

山西崞县西虹著，1949年东北书店出版。散文集，收录了《父

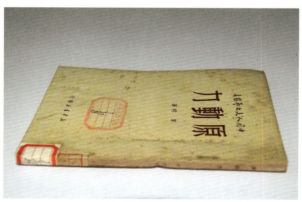

■《原动力》

亲》《贺喜》《归来》《妻子》《炮火下》《信》《指导员》八篇散文。作者
西虹曾是战地记者，他在书中告诉我们，当时为了迅速解放中国，
多少父母鼓励自己的儿女，多少妻子敦促自己的丈夫，多少农民在
部队里变成了文武双全的战士，变成了光荣的共产党员。全书洋溢
着军爱民、民拥军，军民一体、争取解放的火热感情。该书现收藏
于巴州区档案馆。

《红石山》

山东蓬莱杨朔著，1949 年新华书店出版。《红石山》以抗日战
争时期为背景，写龙烟铁矿矿工与日本帝国主义的斗争故事。作品

《红石山》

《渭河两岸》

着力于描绘了面对日寇非人压迫的三类人物：痛恨而缺乏反抗勇气的董长兴、仇恨敌人却只凭个人力量去反抗的殷冬水、在党的领导下团结工人力量反抗的胡金海。通过对红石山工人反抗日本侵略者的英雄事迹的描绘，表达工人阶级要求的解放、只有在共产党的领导下才能实现的真理。该书现收藏于巴州区档案馆。

《渭河两岸》

李微含著，1949年北京图书业务公会服务部印。《渭河两岸》是作家李微含在新中国成立前创作的戏剧，通过对渭河两岸的风土人

情、革命斗争形势，以及当地地下党员与敌人斗智斗勇、争取革命胜利的描写，体现了中国共产党的成功是众望所归。该书现收藏于巴州区档案馆。

《李家庄的变迁》

山西晋城赵树理著，1949 年华东新华书店出版。本书描写了李家庄激烈尖锐的阶级斗争。主人公张铁锁是一个勤劳、忠厚、憨直的贫苦农民，本书将张铁锁个人生活的线索寓于整个李家庄的变化之中，将抗日战争作为大背景，叙述了农民与地主的斗争取得阶段性胜利的故事。该书现收藏于巴州区档案馆。

《双红旗》

河北望都鲁煤著，1949 年新华书店出版。《双红旗》是解放战争后期出版的中国人民文艺丛书之一，是一本短篇小说选，由作家鲁煤等人选编，大多体现了无产阶级革命者的大无畏精神。此书在解放区很是流行，极大地鼓舞了当地的干部群众，坚定了他们跟着中国共产党走的决心。该书现收藏于巴州区档案馆。

《飞兵在沂蒙山上》

湖北枣阳韩希梁著，1949 年新华书店出版。《飞兵在沂蒙山上》是解放战争后期出版的中国人民文艺丛书之一，是长篇报告文学。

■《双红旗》

作者采用日记体的形式，真实地记述了人民解放军某炮兵连于孟良崮战役打响以前，在鲁南进军半月中的生活片段。作品没有正面写孟良崮战役，只是通过行军这一侧面，展现了当时的历史风貌，可以看出解放军的作战部署、指战员的高昂斗志，以及对毛泽东军事思想的灵活运用，收到了小中见大的艺术效果。该书现收藏于巴州区档案馆。

《诺尔曼·白求恩断片》

江苏南京周而复著，1949 年上海书店出版。本书是报告文学作品，着重描写白求恩大夫在抗日根据地晋察冀边区的事迹，通过他

《飞兵在沂蒙山上》

创立国际和平医院、憎恨不关心伤员疾苦的现象、带头为伤员输血、战地救护伤兵和不幸以身殉职等片段，展现了他的性格和内心世界，歌颂了他对工作极端负责、对人民满腔热忱的品质和真正的共产主义精神，塑造了白求恩大夫栩栩如生的高大形象。该书现收藏于巴州区档案馆。

《春耕互助》（秧歌剧）

力鸣著，1949 年东北书店出版。本书是秧歌剧剧本，力鸣编剧，顾光潜等作曲，附曲谱十二首。故事讲述的是解放后第一个清明节，边区老百姓如何从互相算计走到互助春耕的过程。大家看到了互助

《诺尔曼·白求恩断片》

《春耕互助》(秧歌剧)

《晋察冀的小姑娘》(鼓词)

组的优越，同意继续互助，并热火朝天地干了起来。该书现收藏于巴州区档案馆。

《晋察冀的小姑娘》(鼓词)

河北王尊三等著，1949年新华书店出版。这首歌曲以北方大鼓的形式和语言，生动叙述了一位生活在晋察冀根据地的农村少女，为了保护村民免受日寇偷袭的苦难，机智地将敌人引入我军的伏击圈给予彻底的消灭，她也为此英勇地献出了宝贵的生命，光荣牺牲于抗日斗争第一线。该书现收藏于巴州区档案馆。

《王贵与李香香》

河南唐河李季著，1949年新华书店出版。长篇叙事诗。土地革命在三边地区获得成功后，相爱已久的王贵与李香香终于结婚。但游击队转移后，恶霸地主崔二爷抓走了王贵，并逼李香香改嫁。游击队打回后活捉崔二爷，王贵与李香香重逢。作品采用陕北民歌信天游的形式以及比兴手法，塑造了敢于反抗、争取自由幸福的青年形象，震动了当时的文坛，得到各方面好评，给我国新诗运动打开了新局面。该诗后来被改编为舞剧、江淮剧等，还被翻译为外语版本。该书现收藏于巴州区档案馆。

《评点史记论文》（一百三十卷）

清代吴见思评点，民国上海广益书局铅印。吴见思对《史记》纪传文学艺术特色的评论，有独到见解，尽管没有摆脱评点派研究方法的局限，但在今天看来，吴见思评点《史记》，既有阅读方法的提示，又有艺术魅力的鉴赏，循循善诱，娓娓道来。该书现收藏于巴州区图书馆。

《评点史记论文》（一百三十卷）

第十一节　诗文专集

《评注昭明文选》

江苏金坛于光华著，民国扫叶山房石印本。《昭明文选》是现存编选最早的诗文总集，它选录了先秦至南朝梁代八九百年间一百多个作者七百余篇各种体裁的文学作品。本书重在文义的评论，虽不脱八股文积习，但亦不乏一些可供参考的见解。该书现收藏于巴州区图书馆。

《评注昭明文选》

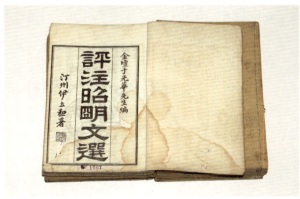

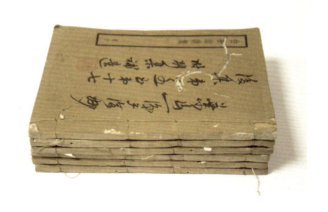

《白香山诗集》

　　河南新郑白居易著，民国铅印本。本书是根据南宋绍兴年间吴刻本《白香山集》校订重印，辑录白居易诗文三千六百多篇，全面反映了白居易的文学创作成就和文学主张。跟他"兼济天下"的政治主张一致，白居易的诗歌创作主张继承《诗经》以来的"比兴""美刺"传统，反映现实生活，关心民间疾苦。而在诗歌表现方法上，主张言辞质朴直接，便于他人理解。附别集补遗。该书现收藏于巴州区图书馆。

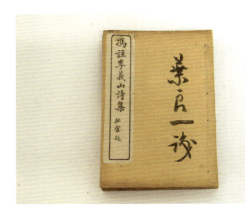

《冯注李义山诗集》

　　河南焦作李商隐著,民国石刻本。李商隐诗集。有各体诗六百余首,无论是吊古伤时,还是抒怀咏物,他都能饱含真情实感,达到意象深蕴、一唱三叹的境界。无题诗是李商隐的一大创造,也最能充分反映李商隐诗的艺术特色,大多以男女爱情为题材,意象朦胧、幽微曲折,辞藻绮丽,声调和美,读之令人赏心悦目、回肠荡气。该书现收藏于巴州区图书馆。

《清寂堂诗录》（五卷）

　　成都华阳林思进著,民国四年（1915）成都霖甘小阁刻印。清末光绪举人林思进所著诗集。作者博涉群书，旁通金石书画，尤工于诗。其诗多是感时伤乱、关心民生疾苦的作品，词旨悲壮，如《乙巳八月七日江户纪事》《归怀》《清水阁望西京》等。同光体诗派代表人物陈三立曾称赞其诗"才思格律，入古甚，五古几欲追二谢，七言直攀高岑"。该书现收藏于南江县图书馆。

《香宋词》

四川荣县赵熙著，民国六年（1917）成都图书馆出版。本书是"晚清第一词人"赵熙创作的诗词合集，共四百一十四首。选材惯以自然物为主题，体现为咏物酬答之作众多；以自我为核心，自鸣其

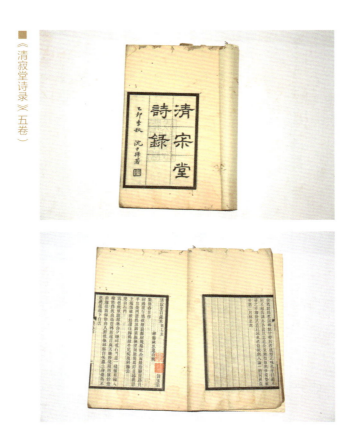

《清寂堂诗录》（五卷）

秋哀思，以选材"边缘化"，表现其"旧朝人"的疏世情怀；大部分词都在写龙都、讴歌龙都，地域色彩鲜明。胡先骕称其为蜀中山水之作，"皆摩诘诗中之画，读之可作卧游者也"，"随手拈来，皆为秀句"。该书现收藏于南江县图书馆。

《汉魏六朝百三家集》

张溥辑，民国七年（1918）四川官印局出版。中国古代诗文总集。该集以明代张燮的《七十二家集》为基础，兼采冯惟讷《诗纪》、梅鼎祚《文纪》的成果，排比附益而成。集中收入上起汉代贾谊、下

《香宋词》

■《汉魏六朝百三家集》

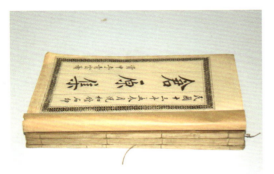

■《仓原集》

至隋代薛道衡的作品凡一百零三家。编排体例与张燮相仿，一人一集。每一集中，首列赋，次列文，后列诗，再后为作者本传。每集卷首各有题辞，对作家和作品作出评价，也有精当的意见。该书现收藏于南江县图书馆。

《仓原集》

四川资中李青云著，民国十三年（1924）悦和馆印刷。诗文集，存诗文百余首。李青云曾参与保路运动，行文颇有韩愈、苏轼之风，诗文多是写保路运动及资中当地人文风景。该书现收藏于南江县图书馆。

《贲园诗钞》

严遨著。民国十三年（1924）刻本。本书是我国藏书家严遨的作品集。收其所著《既冠集》《太华归来集》《辟咡集》中诗作计五十九首。卷后附刻合州张森楷撰《故清遗老雁峰先生行状》、富顺宋育仁撰《文学处士严君墓志铭并序》、井研廖平撰《文学处士严君家传》、贵阳金正炜撰《严先生传》，可表明其深远影响。该书现收藏于南江县图书馆。

《庾子山全集》

南北朝河南南阳庾信著，民国十四年（1925）扫叶山房石印本。该书是庾信文章别集。前期在梁朝，作品多为宫体性质，轻艳流荡，富于辞采之美。羁留北朝后，诗赋大量抒发了自己怀念故国乡土的情绪，以及对身世的感伤，风格也转为苍劲、悲凉。该书现收藏于巴州区图书馆。

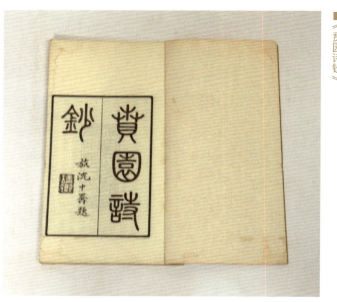

《贲园诗钞》

《庾子山全集》

《中国学术论著辑要》

《中国学术论著辑要》

广东佛山梁任公、章太炎著辑，民国二十年（1931）东源书局出版。收录当时梁启超、章太炎等民国大家学术著作。该书现收藏于巴州区图书馆。

《陵阳诗》（四卷）

四川仁寿韩驹著，民国二十一年（1932）刻本。诗集，共四卷。收诗三百四十余首。作者为北宋江西派重要诗人，才力诗名仅次于陈师道，其诗虽受黄诗一定影响，却颇有自己的特色。刘克庄称

"其诗有磨淬剪截之功"，《宋诗钞·陵阳诗钞》评其为"密栗以幽，意味老淡，直欲别作一家"。该书现收藏于南江县图书馆。

《陶靖节集》

江西九江陶潜著，民国二十二年（1933）商务印书馆出版。陶渊明作品集。卷一至卷四为诗，卷五为赋，卷六为传、赞、疏、祭文，卷首有萧统所写之序，卷末附萧统所撰《陶渊明传》、颜延年所撰《陶徵士诔》。该书现收藏于巴州区图书馆。

《陆贽文》

浙江嘉兴陆贽撰，周养初选注，民国二十二年（1933）商务印书馆出版。本书作者为唐代宰相，这是他的文集。他奏议善叙事理，世所传《翰苑集》，虽多一时匡救规切之语，但是对于古今政治得失的原因，尤为深切著明。末附年谱辑略，备足读者参考。该书现收藏于巴州区图书馆。

《白香山集》

河南新郑白居易著，民国二十二年（1933）商务印书馆出版。本书七十一卷，诗文三千六百多篇，全面反映了白居易的文学创作成就和文学主张。与其"兼济"的政治主张相一致，白居易十分重视诗歌的社会作用，主张诗歌继承《诗经》以来的"比兴""美刺"传统，反映现实生活，关心民间疾苦，"救济人病，裨补时阙"（《与元九书》），"为君、为臣、为民、为物、为事而作，不为文而作也"

《陆贽文》

（《新乐府序》）。并注意到诗歌自身的特点："感人心者莫先乎情，莫始乎言，莫切乎声，莫深乎义。"在诗歌内容与形式的问题上，主张"根情，苗言，华声，实义"（《与元九书》）。对诗歌的表现方法，主张"辞质而经，言直而切，事核而实，体顺而肆"（《新乐府序》）。该书现收藏于巴州区图书馆。

《王文成公全书》

　　浙江余姚王守仁编，民国二十二年（1933）商务印书馆出版。王阳明文献汇编本，共三十八卷，卷一至卷三为《语录》，包括《传习录》等。卷四至卷八《文录》，包括《书》等。卷九至卷十八《别

录》，包括《奏疏》等。卷十九至卷二十五《外集》，包括序、说、杂著、墓志铭、墓表、墓碑、传、碑、赞、箴、祭文等。卷二十六至卷三十一《续编》，包括文移、山东乡试录等。卷三十二至卷三十八《附录》，包括《年谱》《年谱附录》《钱德洪阳明先生年谱序》《祭文》等。展示了阳明学派主观唯心主义哲学体系、教育思想和文学才华。该书现收藏于巴州区图书馆。

《王士祯诗》

山东恒台王士祯著，胡去非、庄适选注，民国二十二年（1933）商务印书馆出版。诗集。王士祯继钱谦益之后，主盟清代诗坛达数

《王文成公全书》

《王士祯诗》

十年之久，影响颇大。其论诗主"神韵"说，强调"兴会神到"，追求"得意忘言"，力主诗歌意境"以清远为上"，要求语言清幽淡雅、精练含蓄。王士祯诗兼众体，尤以五、七言近体见称。其七绝《秦淮杂诗》《真州绝句》《雨中渡故关》《灞桥寄内》等均为名作，多描写山水风景和抒发个人情怀，是其创作理论的具体实践。王士祯亦工词，以小令为佳。有《带经堂全集》《渔洋山人精华录》及《衍波词》等传世。该书现收藏于巴州区图书馆。

《恽敬文》

江苏南通庄适、费师洪选注，民国二十二年（1933）商务印书馆出版。全书收录了清代散文家恽敬《大云山房文稿初集序》《大云山房文稿二集序》《三代因革论（一一八）》《西楚都彭城论》《读货殖列传》《读鲁仲连邹阳列传》《读孟子》《与纫之论文书》《上曹俪笙侍郎书》《上举主笠帆先生书》《书山东知县事》《书获刘之协事》《张皋文墓志铭》等共二十篇文章并为之作注。该书现收藏于巴州区图书馆。

《分类尺牍大全》

佚名，民国二十二年（1933）上海大通书局出版。尺牍，原本指古人书写的工具，即在约一尺见方的木板上刻字以传递信息，后来逐渐成为书信的代称。本书为书信集。该书现收藏于巴州区图书馆。

《恽敬文》

《分类尺牍大全》

《湘绮楼诗五种》

湖南长沙王闿运著，民国二十二年（1933）志古堂刻本。清代学者、文学家王闿运诗集。本书录诗一千六百余首。多古体、五律，而七言律诗绝句甚少。从太平军起义到辛亥革命，王闿运一生所经历的重大事件均在诗作中有所反映。其诗以拟古摹古为能事，七言学唐，五言则拟汉魏六朝，尤为出色，开晚清诗坛模拟六朝之风，成为宗唐、宗宋之外的六朝诗派的代表。该书现收藏于南江县图书馆。

《湘倚楼说诗》（八卷）

简阳王简著，民国二十三年（1934）成都日新社出版。本书为

■《湘绮楼说诗》（八卷）

■《梦明湖馆诗》

诗歌评论，共八卷。全书评论、记事、录诗错杂，几无次序类别之分，其中以记事之比重为最大。本书详细解释了中国诗与经学（哲学、伦理）历来所有的特殊关系（"六经"相通），强调诗歌古今之别、诗文体裁之别，指出诗比之于文更具个性色彩。本版为平山七十二公之堂藏版。该书现收藏于南江县图书馆。

《梦明湖馆诗》

曾孝谷著，李植编，民国二十五年（1936）刻本。曾孝谷，中国早期话剧奠基人之一，此书为其遗著。谢无量曾评价其诗："古之诗人皆深于情者也。惟深于情，故能极其微致曲，以通天下之志。""梦

明湖馆者，即孝毅追念亡妇之意，亦至情之所托也。"本书是曾孝毅的个人诗集。诗中题常记与沈淯荠、崔龙潜等燕饮酬唱锦里，诗情真意切，朴实无华。附费明湖诗抄（曾延年作）。该书现收藏于南江县图书馆。

《乌尤山诗》

释传度编，民国二十六年（1937）刻本。民国二十五年（1936）夏，赵熙与陈石遗出面，在乐山乌尤寺主办了一次文化盛会，引来国内文坛巨匠张元济、林山腴、庞石帚等聚集，可谓文星祥集，称为"丙子之会"。与会名士各以乌尤山为题，即席赋诗。释传度方丈请来赵熙弟子邹善伯入山整理诗稿，遂辑成《乌尤山诗》。至今《乌尤山诗》木刻雕版仍存于乌尤寺藏经楼里。该书现收藏于南江县图书馆。

《君子馆文钞》

陕西西安毛昌杰、俊丞著，民国二十七年（1938）刻本。近代著名学者、长安金石考据之父毛昌杰作品辑录，共六册。就题材内容言，大致可以分为题卷（所题对象有书、画、金石拓片以及人物肖像、照片等）、赠答唱和、贺吊、感怀纪事等四类。选择史料详尽，曾被列入近代中国史料丛刊。该书现收藏于南江县图书馆。

《君子馆文钞》

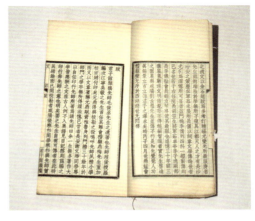

《新编樊山集七言艳诗钞》

　　湖北恩施樊增祥著，民国二十七年（1938）上海广益书局出版。诗歌集。作者樊增祥为近代著名诗人，专注于艳体诗的创作，是同光派重要诗人。本书辑录了他较为有名的艳体诗。该书现收藏于巴州区图书馆。

《自由中国》

　　山东蓬莱臧云远、山东黄县孙陵编辑，民国二十七年（1938）自由中国社出版。本书是抗战以来郭沫若、郁达夫、老舍等人的作品集。收录了《战时的文艺作家》《继承五四的光荣传统》《论抗日的

《新编樊山集七言艳诗钞》

■《自由中国》

■《张列五先生手札》

文化统一阵线》《保卫祖国的文化》《谈通俗文艺》《新启蒙运动的一个
应用》《批评不是诡辩》《略谈爱国主义》《国际文学中反托派反法西斯
的斗争》。该书现收藏于巴州区档案馆。

《张列五先生手札》

　　四川泸州夏之时编，民国二十八年（1939）成都环球印刷厂印
刷。张列五，即张培爵，中国民主革命先驱、辛亥革命元勋。全书有
致友人书八件、家书二十件，约二万八千字。民国二十八年，由其友
人夏之时先生（蜀军政府起义时任副都督）汇编印行。该书现收藏于
南江县图书馆。

《傅氏文典》（十三卷）

四川江油傅子东著，民国二十八年（1939）刻本。傅子东文集，共三册。作者在分析问题时，却把训诂、修辞合为一体，用修辞的观点进行训诂，以训诂的方法讲通语法关系，使诗文词句与其主旨有机地紧密相连，每处讲解几乎都做到准确、深刻，切合客观言语实际。该书始终贯穿辩证唯物主义的观点，是体现语法、训诂、修辞三结合的典型，更是一部价值极高的科学大作。此书对于研究古典诗文、整理古籍具有很高的实用性。该书现收藏于南江县图书馆。

《中国青年革命之路》

徐步青等编，民国三十年（1941）众志书局出版。本书是关于贯彻孙中山先生思想的讲演集。全书共收录《中国青年革命之路》《知难行易的革命哲学基点》《人生以服务为目的》《立志做大事》《地方自治为宪政的初基》《建设首要在民生》《恢复民族固有道德从何着手》《精神胜利物质》八篇演讲稿，均是对孙中山先生炽热情怀的支持。该书现收藏于巴州区档案馆。

《我们的西北》

朱教春编著，民国三十二年（1943）国民图书出版社出版。《我

《中国青年革命之路》

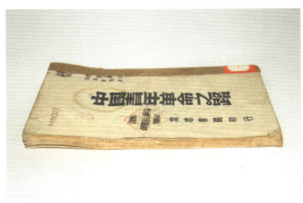

《我们的西北》

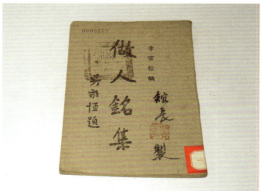

《做人铭集》

们的西北》是一本红色文集。全书分为民族的故乡、中国的瞭望者、农业在增重等九个方面，写出解放区大西北军民共建、对中国共产党的信任与敬仰，以及对新中国的向往。该书现收藏于巴州区档案馆。

《做人铭集》

江苏海安章宗祜著，民国三十四年（1945）文化建设印务局出版。章宗祜从事教育工作多年，怀着对学子的爱育之情撰写此书，在书中他结合古今的先贤哲理，讲述人生道理。他认为，做人须得仁勇齐备，诚实守约，以君子之德，做人做事。该书现收藏于巴州区档案馆。

《行知诗歌选》

安徽歙县陶行知著，朱泽甫选辑，民国三十七年（1948）华光书店出版。是教育家陶行知的儿童诗歌选集，如流传较广的二首《献诗》《救水》等。书中的诗歌大多短小精悍，朗朗上口，都是作者对生活中事的有感而发，很有教育意义。该书现收藏于巴州区档案馆。

《经历》

江西鹰潭邹韬奋著，1949 年中华书局出版。邹韬奋是我国近现代史上杰出的新闻记者、出版家。本书是邹韬奋先生二十年来生活

《行知诗歌选》

《经历》

过程中"一些关于就学就业的经历片段"。他从童年讲起，记录了自己求学、就职、谋生、图强的过程，记录了成长的思想轨迹和心路历程。文中还细致周到地提出了许多具体的建议，如怎样读书、如何写作、怎样才能学好英语等，"其中或者不无一些可供青年朋友们的参考"。该书现收藏于巴州区档案馆。

《韬奋文录》

江西鹰潭邹韬奋著，1949 年三联书店出版。本书为邹韬奋过去所编写的刊物文章结集，收录了其战后未刊单行本的文章八十余篇，按照年代编排，多选自《生活周刊》《大众生活》《新生》《永生》《生活日报》《生活星期刊》《抗战》，体现了邹韬奋先生的主张和精神。该书现收藏于巴州区档案馆。

《吴梅村诗集》

江苏太仓吴伟业著，民国中华书局刻版。作者吴伟业，明清之际大诗人。其诗法盛唐及元白，尤以歌行擅长，名作《圆圆曲》《楚两生行》等，流露出中国诗歌传统中现实关怀的炽热情感。除倾吐深抑的亡国之痛外，吴诗还很有一部分针砭时政、同情民瘼者。本书连笺注共十八卷，由沧浪吟校对。该书现收藏于南江县图书馆。

《吴梅村诗集》

《寒琼遗稿 》

广东顺德蔡哲夫、谈月色著，民国刻本。蔡哲夫诗文集，由其妻子谈月色在他死后整理完成。本书不仅是谈月色书法艺术的展示，更重要的是留下了一部蔡哲夫自己的诗文稿，兼及夫妇唱和的文字，记录了他们的人生经历、艺术成就和艺术交往，是研究蔡哲夫艺术人生的重要著作。该书现收藏于巴州区图书馆。

《蜀雅 》

作者不详，民国二十年刻本。清代四川著名诗人与学者所辑录的一本具有选本性质的蜀地诗歌总集。共两册，二十卷，辑录了明

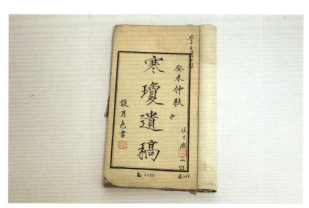

《寒琼遗稿》

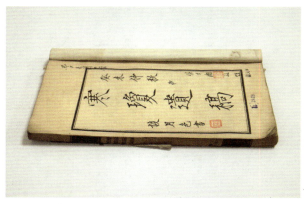

末清初至乾隆年间一百八十余位作者之诗，对部分在清初文化高压政策和蜀地连年战乱背景下蜀地诗作的保存和流传，有重要意义。该书现收藏于南江县图书馆。

《蜀雅》

第十二节　翻译书籍

《哲学之改造》

美国杜威著，许崇清译，民国二十二年（1933）商务印书馆出版。本书从科学方法论的历史、自然科学的发展，以及科学真理与人生价值之间的矛盾等方面，寻找哲学改造的可能性和必然性，寻找哲学发展的生长点，并提出哲学改造的任务。作者力图把他的哲学同美国工业化进程中的生活与经济紧密联系起来，使哲学成为实

《哲学之改造》

用的哲学，反映了美国资产阶级追求实际利益的需要。该书现收藏于巴州区图书馆。

《儒教与现代思潮》

日本服部宇之吉著，郑子雅译，民国二十二年（1933）商务印书馆出版。本书注重探讨中国儒教与现代之民主主义、功利主义、主观主义、个人主义、平和主义之区别，论证深刻、条理清晰，对人们研究儒教文化与现代思潮之关系有一定的启示作用。该书现收藏于巴州区图书馆。

《中国伦理观及其学理的根据》

日本李淇著，陈筑山译，民国二十二年（1933）中华平民教育促进会印刷。本书是一本哲学书籍。李淇在研究中国伦理学时将人的人性与动物性比较研究，然后从人性中找出伦理依据，并阐述中国固有思想得乎"中庸"，作者思考人性中的纯粹精神和物质本能之间的关系在书中也有了相应的答案。该书现收藏于巴州区档案馆。

《亚里士多德伦理学》

古希腊亚里士多德著，湖南向达译，民国二十二年（1933）商务印书馆出版。亚里士多德阐述其伦理学观点之著作。亚里士多德认为，情感、潜能和品质是灵魂拥有的三种东西。所谓情感是指那些伴随有愉快和痛苦的感觉；所谓潜能是指我们借以感受这些情感的能力；所谓品质是指我们借以对这些情感的那些东西。美德既不是情感，也不是潜能，乃是品质。换句话说，任何一种东西的美德都是，既使这个东西处于良好状态中又使这个东西的工作做得很好。这种良好的性格状态就是"中庸之道""适度"。该书现收藏于巴州区图书馆。

《怀疑论集》

英国伯特兰·罗素著，严既澄译，民国二十二年（1933）商务印书馆出版。本书分上下两册，共十七章，讲述了作者思想大致经历绝对唯心主义、逻辑原子论、新实在论、中立一元论等几个阶段，特别在数理逻辑方面，从数理逻辑出发建立起来的逻辑原子论和新实在论，是本书的重要价值。该书现收藏于巴州区图书馆。

《世界宗教史》

日本加藤玄智著，辽宁抚顺铁铮译，民国二十二年（1933）商务印书馆出版。本书是一部系统梳理、全面总结世界宗教发展历史

《怀疑论集》

■《世界宗教史》

■《最近世界各国政治组织》

的著作，全书分为各国民宗教之孤立的发达、闪族之宗教、雅利安民族之宗教三编，共十四章。叙述不同民族宗教的兴起、传播及演变过程，所涉及的范围不局限于世界三大宗教，集中阐释了宗教的本质、社会作用和文化内涵等一系列问题。该书现收藏于巴州区图书馆。

《最近世界各国政治组织》

日本熊川千代喜著，项桂莪译，民国二十二年（1933）商务印书馆出版。全书分别介绍了欧洲、非洲、美洲、亚洲每个国家现存的政治组织及历史沿革。该书现收藏于巴州区图书馆。

《妇女参政运动》

日本森口繁治著，刘吉敖译，民国二十二年（1933）商务印书馆出版。全书分为两篇，从妇女参政运动的理论和实践出发，认为妇女享有参政议政权，讲述了英国、美国、日本、欧洲大陆各国的妇女参政运动史。该书现收藏于巴州区图书馆。

《理财学精义》

日本天野为之著，民国二十二年（1933）文明译书局出版。全书共分五章，从理财的现象、形态、本质、规律、价值出发，介绍经济学运行规律。该书现收藏于巴州区图书馆。

■《妇女参政运动》

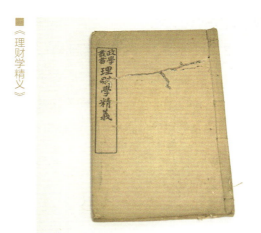

《理财学精义》

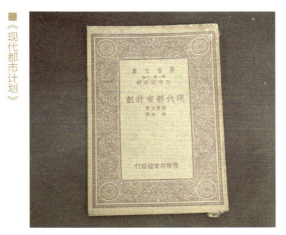

《现代都市计划》

《现代都市计划》

　　苏格兰亚当士著，林本译，民国二十二年（1933）商务印书馆出版。本书是城市规划学科的专门性论著，作者是英国城市规划先驱，他在总结英国田园城市与美国大纽约规划的基础上，完成本书。该书系统地总结了城市规划的方法、遇到的问题和相应的法规，反映了作者将城市效率理念与田园城市的特征元素相结合的规划理念，这在现在看来仍有积极意义，同时也具有很高的历史价值。该书现收藏于巴州区图书馆。

《土地与劳工》

俄国托尔斯泰著，郎醒石、张国人译，民国二十二年（1933）商务印书馆出版。该书共五章，分别是"对于土地为私产""分工""忠告工人""唯一的方法""我们这时候的奴隶地位"。托尔斯泰反对以暴易暴，主张通过和平的方式使社会过渡到理想境界。该书现收藏于巴州区图书馆。

《公法的变迁》

法国狄骥著，徐砥平译，民国二十二年（1933）商务印书馆出版。本书历史性地考察了主权理论的衰落与公共服务作为现代公法

基础的兴起，并结合对法律规范、行政行为及其救济、国家责任等具体制度的分析，向读者展示了彼时法国公法变迁的全景。一共七章，分别从主权理论的衰落、公共服务、制定法、特殊法规、行政行为、行政诉讼、责任等方面探讨了公法的变迁过程。该书现收藏于巴州区图书馆。

《工业进化论》

美国马克理格著，湖南衡阳刘云舫译，民国二十二年（1933）商务印书馆出版。全书共分九章，以哲学的、经济学的原理阐述工业进化的过程和原则，更以历史和现代事实为基础，推测将来的趋

《工业进化论》

《拉丁亚美利加史》

势。书中讲述了英国自农业时代到农工商时代的变化，并作比较研究。书中引用了大量经济学家的观点并分析其他国家工业化后产生的问题及原因，并为当时散漫经济组织混淆这一社会问题提供了解决思路。该书现收藏于巴州区图书馆。

《拉丁亚美利加史》

日本朝日胤一著，浙江东阳葛绥成译，民国二十二年（1933）商务印书馆出版。本书从日本的角度详细介绍了美洲各国的历史沿革、地理环境等，让读者对拉美历史有了初步了解。该书现收藏于巴州区图书馆。

《社会构成论》

日本高田保马著，杜季光译，民国二十二年（1933）商务印书馆出版。本书是社会分工的重要著作。全书共七章，讲述了社会从成立到成熟的整个过程，在这个过程中人发挥着怎样的作用。该书现收藏于巴州区图书馆。

《亚美利加洲通史》

戴彬编译，民国二十二年（1933）商务印书馆出版。全书记载了美洲地理、人种、文事、武功、物产、制造、政教、俗尚、历史，非常详细，读完对美洲大陆的形势定有所了解。该书现收藏于巴州区图书馆。

《社会构成论》

《亚美利加洲通史》

《世界经济发展史论》

　　日本野村兼太郎著，徐文波译，民国二十二年（1933）商务印书馆出版。全书共有五章，按商业资本、工业资本和金融资本三个时代，详细介绍了不同时期的经济现象，从整体上阐明该时代经济运行的规律。作者从人类生活的初期开始观察，认为人作为个体，需要文化生活。在生存本能满足后，生产力有了剩余，人们开始追求文化生活，在此基础上，就产生了经济活动。该书现收藏于巴州区图书馆。

《工业组织原理》

琴巴尔著，林光澄译，民国二十二年（1933）商务印书馆出版。本书着重从产业组织理论及基本内容、工业组织合理化的内容和评价、工业组织合理化途径、工业组织调整四个方面，介绍了工业革命期间企业是如何运营的。该书现收藏于巴州区图书馆。

《物理与政理》

英国白芝浩著，钟建闳译，民国二十二年（1933）商务印书馆出版。白芝浩，英国经济学家、政治社会学家、公法学家、社会达尔文主义的代表人物之一、维多利亚时期的著名政论家。他坚信成

■《工业组织原理》

■《物理与政理》

功的政制，是与特定历史条件相适应的政制。该书现收藏于巴州区图书馆。

《财政学大纲》

美国亚当士著，湖南长沙刘秉麟译，民国二十二年（1933）商务印书馆出版。全书分五编：（一）总论，泛论财政学之定义、范围、研究等。（二）经费论，述国家经费之范围、原则、种类。（三）收入论，述国家收入之性质、分类及赋税收入、非赋税收入。（四）公债论，述公债之性质、种类及其募集、发行、偿还。（五）财务行政论，述预算之编制及其监督、决算之整理及其审核，举凡财政学上之重要原理，本书皆包罗殆尽。该书现收藏于巴州区图书馆。

《西洋科学史》

李贝著，尤佳章译，民国二十二年（1933）商务印书馆出版。该书论述了西方科学的发展史、科学的起源、科学理论的应用、科学方法、各学科之相互关系、科学家、科学与社会、科学与教育等诸问题，旨在为有兴趣的青年人提供学习的门径。概念清晰，语言古朴，是中国关于西方科学史的首部译著。该书现收藏于巴州区图书馆。

《西洋科学史》

《各科之效用与学习法》

美国散得维克著，俞人元译，民国二十二年（1933）商务印书馆出版。分十二章，讲述为什么和怎样学习历史、拉丁文、英文、近世语、数学、科学、经济学、心理学、书法等，可以用作学习指导图书。该书现收藏于巴州区图书馆。

《科学与方法》

法国彭加勒著，郑太朴译，民国二十二年（1933）商务印书馆出版。本书主要介绍科学方法，最大的特色在于作者把自己在科学研究过程中提出的科学方法进行了详细的描述。该书现收藏于巴州区图书馆。

■《各科之效用与学习法》

■《科学与方法》

《西洋近世算学小史》

　　英国斯密斯著，段育华、周元瑞译，民国二十二年（1933）商务印书馆出版。本书是斯密斯数学思想集，内容涉及由数论导致椭圆函数的研究、现代几何的一些结果、引进增广矩阵和非增广矩阵术语、给出黎曼意义下不可积函数的第一个例子等。该书现收藏于巴州区图书馆。

《电学浅说》

　　堪颁布尔著，于树樟译，民国二十二年（1933）商务印书馆出版。本书为电学科普性著作，共有五章，分别为静电的定律和学说、属于静电的计量、电磁学、法拉地的学说、麦克斯威尔的学说。作者从生活中的现象入手，通俗易懂、深入浅出地解释了这些现象背后涉及的电学定律和学说。该书现收藏于巴州区图书馆。

《法拉第电学实验研究》

英国法拉第著，四川成都周昌寿译，民国二十二年（1933）商务印书馆出版。法拉第一生为了探索电、磁、光的关系，做了一万多项实验，本书真实详尽地记录了他一生中成功的和失败的实验16041次，是他一生汗水和心血的结晶，对物理领域的发展有着重大意义，对培养新一代科学家产生了不可估量的影响。在书中，他提出了磁力线、磁场和电场的概念，指出能的统一性和多样性，认为磁、电

《电学浅说》

《法拉第电学实验研究》

作用的传递是借助场的作用，抛弃了传统的超距作用概念，明确提出了电磁感应原理，这是一个划时代的伟大的科学成就，为电磁学奠定了基础。该书现收藏于巴州区图书馆。

《化学鉴原》

英国韦而司著，江苏徐寿、傅兰雅译，民国二十二年（1933）商务印书馆出版。本书首次将西方无机化学知识系统地引进中国，是中国近代化学译著中最具代表性的著作之一，也是研究我国近代化学史的重要文献，在近代化学教育、化学名词术语的命名、化学教科书的编写等方面有重要影响。该书现收藏于巴州区图书馆。

《化学鉴原》

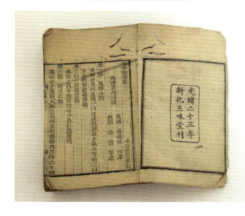

《世界植物地理》

哈第著，胡先骕译，民国二十二年（1933）商务印书馆出版。
本书以哈第博士所写的植物地理学为蓝本，结合译者十余年来研究
本国植物之所得补充而成，其中有若干植物种类为近年来中国植物
学者所发现并公布的，非常适合国人研究植物学者参考之用。该书
现收藏于巴州区图书馆。

《鸟类》

日本鹰司信辅著，舒贻上译，民国二十二年（1933）商务印书
馆出版。本书首述鸟类之特性及体制；次就鸟类之羽毛、翼、尾、

色彩，以及皮肤、骨骼、筋肉、消化、呼吸、循环、神经、生殖诸系统，分别加以叙述；最后略论鸟之分类，并根据德人哈尔特尔特（F. Hartert）分类法，分述各亚纲各类目之特征。著者为日本著名鸟类学家，全书内容简明，举例一以东亚鸟类为主。该书现收藏于巴州区图书馆。

《启发式的教学法》

美国麦克谋莱著，湖南长沙李振南译，民国二十二年（1933）商务印书馆出版。教育学专著，全书共有十章。分为绪论；达到普通定理之历程；普通观念与个别观念之区别；普通观念为教学之目

《鸟类》

的；普通观念与个别观念在教学上之先后；个别观念之获得——预备；个别观念之获得——提示；由个别观念达到普通观念之历程、比较、抽象、综合；普通观念之应用；教学之定律。该书现收藏于巴州区图书馆。

《实用学生修学法》

美国康豪赛尔著，陈友松译，民国二十二年（1933）商务印书馆出版。本书英文名 *How to Study* ？，是学习方法指导图书，分六章讲述道德、体育、国文等科目学习的方法，解释详细，通俗易懂。该书现收藏于巴州区图书馆。

■《启发式的教学法》

■《实用学生修学法》

《行为主义的心理学》

美国华德生著，臧玉洤译，民国二十二年（1933）商务印书馆
出版。本书主张以客观的方法研究人类的行为，从而预测和控制有
机体的行为。该书现收藏于巴州区图书馆。

《合理化要义》

包威著，王抚洲译，民国二十二年（1933）商务印书馆出版。
本书讲述了合理化作用在经济学中的应用。合理化有三种表现：一
是酸葡萄心理，即把得不到的东西说成是不好的；二是甜柠檬心理，
即当得不到葡萄而只有柠檬时，就说柠檬是甜的；三是推诿心理，

此种自卫机制是指将个人的缺点或失败推诿于其他原因，找人担待其过错。三者均是掩盖其错误或失败，以便保持内心的安宁。酸葡萄心理、甜柠檬的自我解嘲方式，都是为降低痛苦与冲突，选择性地相信特定解释，或是刻意强调或忽视某些事实，以便得到让自己舒服的解释。该书现收藏于巴州区图书馆。

《现身说法》

俄国托尔斯泰著，林纾、魏易译，民国二十二年（1933）商务印书馆出版。《现身说法》（又名童年少年青年）是列夫·托尔斯泰的自传体三部曲小说，描写了主人公尼古连卡的成长过程。故事主要在乡村和莫斯科展开，描绘了瑰丽的俄罗斯景色，描写了贵族家庭生活，讲述了形形色色的人际关系，批判了农奴制度的黑暗和腐败，揭露了许多尖锐的社会问题。该书现收藏于巴州区图书馆。

《拊掌录》

美国华盛顿·欧文著，林纾、魏易译，民国二十二年（1933）商务印书馆出版。《拊掌录》即短篇小说集《见闻札记》。本书撷取作者华盛顿·欧文在美国及旅欧时所闻所见、所思所想，乃至逸事趣闻，以散文家的雅洁谐趣、小说家的曲折委婉、哲学家的冷静思辨，一一述来。在此书中，作者以漫画手法勾勒的人物，如一睡

《拊掌录》

二十年的瑞普·凡·温克尔、富于浪漫传奇色彩又谐趣十足的睡谷无头骑士和乡村教师克伦等，都已成为世界文学宝库中的经典形象，历久而弥新。该书现收藏于巴州区图书馆。

《盲聋女子克勒氏自传》

美国海伦克勒著，高君韦译，民国二十二年（1933）商务印书馆出版。本书共有五章，前三章主要介绍了海伦克勒的成长历程，包括《我的生活》《走出黑暗》，按照时间发展顺序，逐一介绍了海伦克勒从幼时到求学再到自立过程中发生的一件件重要的事；第四章主要介绍海伦克勒的老师安妮·沙利文的成长历程；最后一章便是

《盲聋女子克勒氏自传》

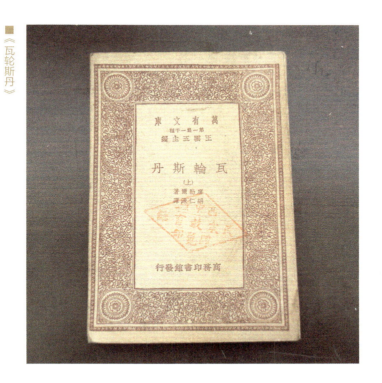

广为流传的著名散文《假如给我三天光明》。该书现收藏于巴州区图书馆。

《瓦轮斯丹》

席勒尔著，胡仁源译，民国二十二年（1933）商务印书馆出版。全剧以欧洲三十年战事为背景，并将其在三幕中演完，自非天才不克为此。本剧受希腊悲剧及康德戏剧哲学之深刻影响，别具风格。该书现收藏于巴州区图书馆。

《实用养鸽法》

江蝶庐著，程石泉译，民国二十五年（1936）上海新民书屋出版。《实用养鸽法》是一本养殖的科普性图书。本书共分九章，介绍了鸽

子的种类、好鸽子的标准、鸽子体羽、繁殖、饲养、饲料、宿舍、如何训练其传书、疾病预防等内容。该书现收藏于巴州区档案馆。

《西洋科学初期史》

英国发灵顿著，程石泉译，民国三十三年（1944）建中出版社出版。本书分别介绍了埃及与美索比达米亚、早期希腊学派之依昂尼与意大利学派、原子论、希腊医学、苏格拉底与柏拉图、亚里士多德、亚历山大城时代、希腊罗马时代等时期科学的发展历程，以及对其从盛转衰的思考。该书现收藏于巴州区档案馆。

《唯物辩证法》

苏联罗逊塔尔著，李正文译，民国三十五年（1946）三联书店出版。本书论述唯物辩证法，分序言、现象的普遍联系与相互依存、现象的运动与转化、新生与发展当作量变向质变转化着的发展、作为对立面斗争看发展、唯物论辩证法的范畴等六章。该书现收藏于巴州区档案馆。

《中国的新西北》

美国斯诺著，思三译，民国二十六年（1937）版。本书是斯诺代表作《红星照耀中国》的片段。斯诺于 1936 年 6 月在陕甘宁边区

《唯物辩证法》

《中国的新西北》

《美国外交政策》

实地采访四个多月，将其所见所闻发表在上海英文报纸《大美晚报》上，后由思三先生翻译并汇编。在书中，斯诺对共产党的基本政策、军事策略，红军战士的生活，以及陕北根据地的社会制度、货币政策、工业和教育等情况做了广泛的调查，还采访了毛泽东同志，还原了当时根据地的情况，对中国共产党和中国革命做了客观的评价。该书现收藏于巴州区档案馆。

《美国外交政策》

美国美·李普曼著，经纬、彭世桢、陈世泽译，民国三十三年（1944）立体出版社出版。李普曼是"冷战年代美国最不冷静时期的最冷静的战略思想家"，他在书中对美国人的"世界主义"情绪提出警告，告诫美国要避免那种意在纠正世界的传教士式的干涉主义，为罗斯福战后世界安排提供了原则，并为美国取代英国成为世界大国准备好了思想基础。该书现收藏于巴州区档案馆。

《动物珍话》

德国富克斯著，齐荷文译，民国三十三年（1944）实学书局出版。本书是一本广为流传的生物科普图书。富克斯是英国著名的生物学家，他以生物学家的眼光，用生动而通俗的语言把科学研究的重要成果展示出来。这本书是当时英国中小学校每周科普广播的重

《动物珍话》

要内容，不仅深受孩子喜欢，就连很多大人也喜欢。该书现收藏于巴州区档案馆。

《列宁在一九一八年》（电影剧本）

苏联 T. 兹拉托戈洛瓦、A. 卡普勒著，林淡秋译，民国三十六年（1947）东北书店出版。本书描述了在国内的反动势力和国外的帝国主义互相勾结，妄图把刚刚诞生的苏维埃扼杀在摇篮里的严重时刻，列宁领导布尔什维克和工农群众粉碎了国内外阶级敌人的阴谋和发起的暴乱，使新生的红色堡垒巍然屹立在黑色世界的包围圈之中。该书现收藏于巴州区档案馆。

■《列宁在一九一八年》

《解放了的董·吉诃德》

　　俄国卢那察尔斯基著，瞿秋白译，民国三十七年（1948）光华书店出版。这本书是根据西班牙塞万提斯《堂吉诃德》中的经典人物和情节所改写的讽喻现实戏剧作品，它将传统西班牙文学名著《董·吉诃德》的主角吉诃德拉上舞台，指出了吉诃德主义的毒害。原作出版于1922年，正值十月革命时期，就资本主义的政客发出的种种谣言、对苏维埃政权的大肆攻讦进行了有力的回击。该书现收藏于巴州区档案馆。

《从布其维里到喀尔巴阡山》

《团队之子》

《从布其维里到喀尔巴阡山》

俄国 S. 珂夫巴克著，刘辽逸译，民国三十七年（1948）光华书店出版。《从布其维里到喀尔巴阡山》以第一次世界大战前后匈牙利发生的重大历史事件为背景，以主人公格若的个人经历为线索，以喀尔巴阡—乌克兰地区的一些政治、军事活动为中心题材，描绘了在异国殖民统治下的匈牙利人民不幸的命运和痛苦的生活，以及与国内外反动势力进行不屈不挠斗争的光辉历程。该书现收藏于巴州区档案馆。

《团队之子》

苏联卡达耶夫著，茅盾译，民国三十七年（1948）东北书店出版。《团队之子》讲述苏联红军某炮兵连在一个深夜邂逅四处流浪的孤儿瓦尼亚。瓦尼亚聪明倔强，深受骑兵战士们喜爱，几经曲折也加入红军，并乔装打扮协助侦察兵深入敌军后方勘察地形。这是苏联版的"小兵张嘎"故事。该书现收藏于巴州区档案馆。

《辩证唯物主义与历史唯物主义》

苏联斯大林著，唯真校译，1949 年外国文书籍出版社出版。本书是斯大林的主要哲学著作之一，系统阐述了斯大林对马克思主义哲学主要内容及其体系的理解，强调马克思主义哲学对无产阶级政党实践活动的指导意义，对马克思主义哲学的广泛传播起了很大的

《辩证唯物主义与历史唯物主义》

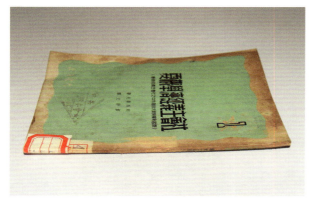

促进作用。但本著作也有一些缺陷，如抛开对立面的统一，只讲对立面的斗争；提出在社会主义制度下，"生产关系同生产力状况完全适合"等。该书现收藏于巴州区档案馆。

《社会主义经济学概要》

苏联列昂节夫著，彭仲文译，1949年大众书店出版。这部著作是一本马克思主义政治经济学基础知识教材，以马克思的《资本论》、列宁的帝国主义理论、斯大林的资本主义总危机理论为依据，全面系统地介绍了马克思主义政治经济学的主要原理，内容基本符合原著精神，体现了经典思想家的基本思想。该书现收藏于巴州区档案馆。

《政治经济学研究提纲》

苏联科兹洛夫著，曹保华译，1949 年新华书店出版。《政治经济学研究提纲》被冠以"斯大林时代晚期的政治经济学争论"，叙述从 1925 年 1 月 31 日共产主义科学研究院的政治经济学对象问题讨论会争论开始，着重于战后苏联经济学的争论。本书对于进一步资料检索和了解这一问题的研究全貌，以及今日的人们了解苏联时期对社会主义经济问题的认识大有帮助。该书现收藏于巴州区档案馆。

《论一元论历史观之发展》（一、二、三、四）

俄国普列哈诺夫著，博古译，1949 年新华书店出版。该书详细

《政治经济学研究提纲》

《论一元论历史观之发展》（一、二、三、四）

地介绍和评论了近代西方哲学思想的发展，指出马克思主义哲学是历史发展的必然产物，是人类先进思想的结晶，并详细论述马克思历史哲学的基本观点。本书叙述了 18 世纪中期到马克思发现唯物史观这一百多年间哲学社会科学发展所取得的成果和产生的问题；详细论述了马克思历史哲学的基本观点；分析了康·尼·米哈依洛夫斯基等人在实践问题即俄国是否能够、是否应该避免走资本主义道路问题上的错误。该书现收藏于巴州区档案馆。

《灾祸临头和防止之法》

苏联列宁著，唯真校译，1949 年外国文书籍出版社出版。本书主张由国家实行监督、监察、统计和调节生产与流通，规定生产中劳动力的正确分配，爱惜民力，消除对民力的浪费，加以节省。监督的主要方法是银行国有化、大型垄断公司国有化、取消商业秘密、强迫中小工商业者实行合并、强迫人民联合于消费合作社。该书现收藏于巴州区档案馆。

《伟大的创举——怎样组织比赛》

苏联列宁著，唯真校译，1949年外国文书籍出版社出版。本书阐述了组织竞赛吸引劳动群众参加社会主义建设的问题，驳斥了资本主义竞争发扬了人的进取心的谬论，指出资本主义竞争并不像资

《灾祸临头和防止之法》

《伟大的创举——怎样组织比赛》

《论粮食税》

产阶级所说的那样是符合人的天性、发扬人的进取心的道德上美好的东西，相反，应予否定和谴责，并指出应从宏观、从本质上考察资本主义竞争。他指出，社会主义消灭了竞争，而代之以竞赛，竞赛与竞争有本质区别。该书现收藏于巴州区档案馆。

《论粮食税》

苏联列宁著，唯真校译，1949年外国文书籍出版社出版。政治经济学著作。列宁说明了1918年和1921年俄国经济状况及其经济政策的历史背景，阐明了实行以征收粮食税为中心内容的新经济政策的必要性和实质，进一步探索国家资本主义在向社会主义过渡中的作用及其实现形式，明确提出了布尔什维克党和苏维埃机关全体工作人员在实行粮食税政策过程中的任务，并且集中论述了实行新经济政策必须改进工作方法。该书现收藏于巴州区档案馆。

《论合作制》

苏联列宁著，唯真校译，1949 年外国文书籍出版社出版。全文由两部分组成。第一部分阐述了合作制的重大意义。指出合作社是由农民个体经济过渡到社会主义集体经济的形式，是社会主义工业与分散的农业经济结合的最好形式，是小农参加社会主义建设的阶梯、工农联盟的重要纽带。第二部分论述了无产阶级专政条件下合

《论合作制》

作社的性质，认为在工人阶级掌握国家政权和全部生产资料的条件下，作为集体企业的合作社与社会主义企业没有区别。该书现收藏于巴州区档案馆。

《苏联的国民教育》

苏联沃尔柯娃等著，龚远英译，1949年三联书店出版。《苏联的国民教育》全面介绍和论述了苏联的国民教育制度。建国初期，苏维埃政府对旧教育进行了根本性的变革，改革的重点是废除旧的教育制度，改变学校的性质，确立无产阶级政党对教育事业的领导地位。该书现收藏于巴州区档案馆。

《苏联的国民教育》

《苏联的新道德教育》

苏联叶西波夫、龚察罗夫著，柏圆译，1949 年三联书店出版。本书是苏联师范专业训练小学教师的课本。共八章，第一章是总论，第八章是列宁和斯大林的论道德教育，第二至第七章介绍了苏联儿童道德教育的内容和方法。它从苏维埃爱国主义出发，讲到社会主义的人道主义；进而讲到集体主义和纪律，最后指出如何培养出几种主要的意志力，如何防止几种恶劣的意志力发展。全书用列举的事例，明确回答了如何培养一个人的品质、为什么和如何教育一个新社会良好公民的问题。该书现收藏于巴州区档案馆。

《苏联的新道德教育》

《不屈的人们》

苏联戈尔巴朵夫著，水夫译，1949 年时代出版社出版。本书是反映苏联卫国战争最有影响的小说之一，主要讲述第二次世界大战初期，苏联人民英勇不屈地反抗德国法西斯的统治。小说通过叙述老工人达拉斯一家的生活，展现了苏联人民在德国法西斯占领的顿巴斯地区进行顽强斗争的英勇经历、对祖国的忠诚和热爱，以及坚决打败德国入侵者的坚定信念。作品发表后，极大地鼓舞了苏联人民的斗志。该书现收藏于巴州区档案馆。

《仇敌》

苏联高尔基著，李建吾译，1949 年上海出版公司出版。剧本主

要描写了工人阶级与资产阶级的阶级斗争，歌颂了工人阶级在推翻资本主义的斗争中所表现出来的坚定的革命意志和大无畏的献身精神，这是作者在投身于1905年革命斗争洪流和思想觉悟有新的提高之后，对戏剧创作题材所作的新的开拓。该书现收藏于巴州区档案馆。

《地主之家》

俄国谢德林著，陈原译，1949年新中国书局出版。《地主之家》是俄国杰出讽刺作家谢德林的优秀作品。谢德林与果戈里是俄国文学史上两位最著名的讽刺大师。本书真实地再现了俄国贵族、地主、官僚的残暴，通过他们的贪婪吝啬、伪善恶毒，无情地嘲讽了沙皇俄国社会的腐化堕落、阴暗恐怖，昭示着农奴制赖以生存的土壤已经腐败、农奴制自身也必然走向灭亡。该书现收藏于巴州区档案馆。

《铁流》

苏联绥拉摩维支著，何谷夫译，1949 年中原新华书局出版。《铁流》是著名的革命题材小说，以十月革命后的 1918 年内战为题材，叙述了古班红军带领被残害的红军家属和群众，突破叛乱者和白匪军的包围，进行英勇转移的事迹，反映了苏联国内战争时期剥削阶级与被剥削阶级之间的生死搏斗，表现了士兵群众由乌合之众成长为一支

《铁流》

纪律严明的"铁流"的过程。作者在周文地、曹靖华的译本基础上进行删减,保留了最紧张的场面,在叙事上采用了中国传统章回小说的形式,更便于普通老百姓的接受。该书现收藏于巴州区档案馆。

《遗失街风习》

俄国邬斯宾斯基著,水夫译,1949年海燕书店出版。作者是俄罗斯民主文学派作家,本书描绘了普通工人以及小官吏、小市民和小商贩的日常生活,写出了他们在沙皇统治下水深火热的生活。该书现收藏于巴州区档案馆。

《日本工业资源论》

　　日本安田庄司著，牛光夫译，民国中国文化服务社四川分社出版。本书是介绍日本工业情况的图书，从日本资源问题的本质入手，介绍了日本国内棉花情况及其自给问题、澳洲羊毛的输入及自给困难性、人造羊毛工业及其前途、木浆资源问题、钢铁业及其资源、铝工业的兴起及其资源等情况，是了解当时日本工业情况的重要史料。该书现收藏于巴州区档案馆。

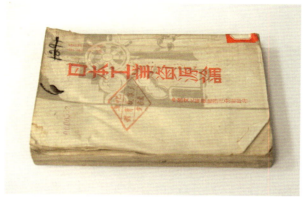

《日本工业资源论》